传媒艺苑文丛

中国围棋史话

ZHONGGUO

WEIQI

SHIHUA

薛克翘　著

典藏版

中国国际广播出版社

引　言

一张正方形的棋盘，上面画着横竖各19条直线，形成361个交叉点，再加上一些黑白两色棋子，这就是围棋。

从表面上看，围棋不过是一种很简单的游戏；而实际上，这是世界上最复杂的棋类，是最变化多端、最神妙莫测、最富于魅力的棋类。为什么？因为围棋的发展历史最为悠久。在至少2500多年的发展过程中，人们通过不断体验与认知，使它具备了极为丰富的文化内涵。

围棋充满中国古老的思辨哲学，包含朴素的宇宙观和辩证的方法论。围棋不仅能与军事紧密结合，体现出精妙的战略、战术，还能与日常生活中各种事物相联系，开阔人们的心胸和视野，陶冶人们的情操与精神。

小小的围棋盘，居然能上应天文，下象地理，其无穷的变化连现代科技的代表——计算机都难以穷尽。此外，围棋以自身的审美价值和下棋人的闲情逸致，早已登堂入室，被列入琴棋书画——中国四大高雅技艺之一。古往今来，有许多文人雅士为之倾倒，他们覃思妙想，以探其奥；吟歌作赋，以称其玄；文章小说，以传其道。

围棋，起源于中国，承载和蕴含着中华文明深邃而厚重的精华，是名副其实的中华瑰宝，也是中华民族赠予人类的智慧献礼。

下面，就简要谈谈中国围棋发展的历史。

本书尽量以讲述故事为主，以议论为辅，夹叙夹议，雅俗兼及，尽量做到轻松而不失信实，谐趣而不失庄重。

目　录

第一章

先秦

一、祖述尧舜

围棋起源于何时？这是一个谁都不能确切回答的问题。中国古代文献里虽然有这方面的记载，但有多种说法，下面列出其中的几种：

战国末年出现了一本书，叫作《世本》，相传是先秦史官记录的档案资料汇编，记录的是三皇五帝时期至春秋时期的事。这本书到宋代就失传了，但它的一些内容因被别的书引用而保存了下来。到了清代，有人将这些内容汇集起来，重新以《世本》的名字刊印出来。有幸的是，其中的《作》篇提出："尧造围棋，丹朱善之。"也就是说，尧发明了围棋，他的儿子丹朱善于下围棋。

晋代张华的《博物志》一方面承袭了《世本》的说法，另一方面提供了一种新说法："尧造围棋，以教子丹朱。或云：舜以子商均愚，故作围棋以教之。"也就是说，到了晋代，关于围棋的起源就有两种说法。这两种说法显然都是传说。尧也好，舜也罢，为了教导儿子就发明了围棋，这不符合常理。任何人，即便是圣贤，也不可能一下子就发明一个那么复杂的游戏方法。我们知道，任何一项游戏的发明都有一个过程：从无到有，从简到繁。围棋这样复杂的游戏，它的发明过程必然是比较漫长的，也必然不是一个人能完成于一时的。

不过，我们从《世本》《博物志》的记载至少可以看出两点：第一，古人肯定了围棋开发智力的功能。如果谁家的儿子不太聪明，父亲不妨用下围棋来开发他的智力。这至少是晋代一些人的看法。第二，围棋的起源是非常早的，即便不能追溯到公元前2000多年前的尧舜时代，至少也可以追溯到春秋时期。

关于围棋的起源，历代还有一些说法，但大都站不住脚。人们大多愿意把它说得早一点儿，这就出现了祖述尧舜的情况。

唐代末期有一位文学家名叫皮日休。他创作了一篇文章，叫作《原弈》，其中说道："弈之始作，必起自战国。有害诈争伪之道，当纵横者流之作矣。岂曰尧哉？"皮日休对围棋的看法似乎有些偏颇，认为围棋使用的着法都是想让对方受骗上当，损人利己，巧取豪夺。但他的看法也不能说完全没有道理，下围棋时要想赢对手，自然要用心计，如同作战一般。这自然和春秋战国时期的军事家、纵横家使用计谋有共同的地方。不过，如果由此便断定围棋的发明必然在战国时期，就未免出错。

进入21世纪，关于围棋起源的讨论仍在进行中，不断有人提出新鲜的见解。其中，最有代表性的是杨晓国的《围棋溯源》一书①，不仅提出了中国围棋的来源——占卜，还界定了发明时间——商末周

---

① 杨晓国.围棋溯源［M］.西安：山西出版集团·山西经济出版社，2007.

初，并指出了确切的发源地——山西陵川县棋子山。这一观点虽妙于联想，但推论有些牵强，这种精神受到学界鼓励，观点却未被认同。

至于其他说法，这里就不一一列举了，还是看看历史上的可靠记载吧。

二、举棋不定

公元前559年，卫国的卫献公在位。他得罪了某些大臣，上卿孙林父和亚卿宁殖发动政变，二人于公元前558年推翻了卫献公而立卫殇公为君，卫献公逃到齐国避难。11年后，宁殖的儿子宁喜当了卫国的左相，卫献公也在齐国的支持下占据了夷仪这个地方。卫献公从那里派人去找宁喜谈判，要求他废掉卫殇公而拥护卫献公，条件是卫献公复位后让宁喜独揽国政。宁喜犹犹豫豫，最后总算同意了。卫国的大夫太叔文子听说了这件事，便发表了一通议论。据《左传·襄公二十五年》记载："卫献公从夷仪地方派人同宁喜谈复位的事，宁喜同意了。太叔文子听说了，就说：'……现在宁喜看待国君不如下围棋，他怎么能免于祸难呢？下棋的人举棋不定，就不能胜过对手，更何况安置国君而不能决定呢？他必定不能免于祸难了。九代相传的卿相，一旦被灭亡，可悲啊！'"太叔文子运用了"举棋不定"的比喻，意思是说宁喜在拥护卫殇公还是拥护卫献公这样大的问题上都拿不定主意，那他将来必定要大祸临头。太叔文子的预言被证实了，后来宁喜果然被杀了。

孔子生活在春秋末期（公元前551年—前479年），《论语·阳货》中有这样两句话："饱食终日，无所用心，难矣哉。不有博弈者乎？为之，犹贤乎已。"孔子的意思是说："整天吃饱了饭，对什么事都不用心，难啊！不是有玩博和弈的吗？做这种事，也比什么都不做好。"在这里，孔子把博（又叫六博，一种简单的投子游戏）和弈（下围棋）看作普通游戏，并无恶感。

这两则故事不仅为我们提供了两个成语——"举棋不定"和"饱食终日，无所用心"，还为我们提供了中国历史上最早关于围棋的确切记载，这对于研究中国围棋史有着重要的史料价值。这两个成语的出现说明，至晚到春秋中期或后期，下围棋的人已经很多了，人们已经普遍知道围棋了。也就是说，围棋在公元前6世纪就已经被推广了，其发明时间必在公元前6世纪之前。

三、国手弈秋

"专心致志"这个成语的出现和围棋有着密切关系。

《孟子》里有一段十分著名的话："今夫弈之为数①，小数也，不专心致志，则不得也。弈秋，通国之善弈者也。使弈秋诲二人弈，其一人专心致志，唯弈秋之为听；一人虽听之，一心以为有鸿鹄将至，思缓弓缴而射之，虽与之俱学，弗若之矣。为是其智弗若欤？曰：非然也。"意思是说："下围棋是一种技艺，虽然算不上什么大技艺，但不专心致志，就不会学有所成。弈秋，是全国最善于下围棋的人。假使

---

① 数，同术。后世有人将"数"解释为算术，进而认为它是春秋时期的"六艺"（礼、乐、射、御、书、数）之一的"数"，似乎也有道理，算作一家之言，只是笔者不敢苟同。

让弈秋教两个人下棋，其中一个人专心致志，一心听弈秋的教导；而另一个人虽然表面上在听却一门心思地在想，有大雁飞过，拿弓箭来射，这个人虽和那个人在一起学下棋，但比不上那个人。是这个人的智力不如那个人吗？回答是，不是这样的。"

在这里，孟子（约公元前372年—前289年）强调的是学习什么本领都要专心致志。孔子和孟子真是一脉相传，在围棋这件事上，孟子和孔子一样，都不认为下围棋是什么了不得的大技能，或者说打心眼儿里没有给围棋以应有的评价。但他们都认为，下围棋不是什么坏事，是可以做的事，而且是需要动脑筋、需要认真做才能做好的事。孟子认为，学下围棋是一个很典型的例子，最能说明学本领需要专心致志的道理，他提出了弈秋教二人下棋的假设，深入浅出地阐明了自己的观点。

更重要的是，孟子的话告诉我们，当时有一个全国最著名、最擅长下围棋的人叫秋，因为善于下棋而著称，所以人们叫他弈秋。孟子生活在战国时期，他说弈秋是"通国之善弈者也"。其中所说的"国"，应当是指齐国，疆域位于现今的山东省的大部。也就是说，当时齐国已经有了"国手"级的围棋大师了。如果说前面提到的尧、舜、丹朱、商均等人下围棋还是传说，不能确定，那么弈秋则是文献记载中的我国最早的围棋手，而且是一位国手。

两汉

第二章

秦始皇统一中国之后，实行严刑苛法，焚书坑儒。由于史书缺乏有关记载，我们不知道当时围棋的命运如何。到了汉代，刘邦统一全国后，围棋很快就流行起来了，据说刘邦本人就会下围棋。如果真是这样，就说明即便在秦代，围棋也没有被禁绝，民间还是有人在下，刘邦也许在起兵反秦以前就会下围棋了。

一、汉宫秋月

关于刘邦下围棋的传说，不见于《史记·高祖本纪》《汉书·高帝纪》等正史，而出自野史笔记《西京杂记》[①]，说农历八月初四，戚夫人侍奉高帝刘邦，二人曾在竹丛底下下围棋。

西汉的规矩因袭秦朝，皇帝的正妻称为皇后，其余的妾称为夫

---

① 关于《西京杂记》的著者，有汉代刘歆、东晋葛洪和南朝梁代吴均三种说法。但一般认为，是葛洪假托刘歆的口气写的。

人。正史里提到，刘邦的妾至少有4人，而戚夫人是刘邦最宠爱的。我们从《西京杂记》可以知道，戚夫人和刘邦下围棋娱乐，还很有讲究：赢的一方终年有福，输的一方终年得病。于是，输的一方就要拿着丝线向北辰星祈求长命，这样才能免除疾病。可想而知，既然皇帝和戚夫人这样下棋取乐，宫中的其他人也自然会效仿。

据《汉书·陈遵传》记载：陈遵的祖父名叫陈遂。汉宣帝刘询还没有做皇帝的时候，与陈遂友善。两个人经常玩六博和下围棋赌输赢。不知道是陈遂棋艺不如刘询，还是陈遂故意让着这位皇子，反正陈遂总是输棋，而且输得还不起赌注。后来，刘询做了皇帝，给陈遂下达诏书，任命他为太原太守，并开玩笑说："太原太守地位尊贵，俸禄也高，可以拿来偿还输棋的赌注了。当时，你的妻子就在旁边看我们赌棋，对情况都了解。"陈遂不敢怠慢，连忙辞谢，并自我解嘲说："事情发生在元平元年的大赦令以前。"他说这话的意思是："事情已经过去一年多了，在元平元年（公元前74年，刘询登基于公元前73年）的大赦令以前，连有罪的人都赦免了，那些赌债也该免了吧。"后来，陈遂也曾做过大官，不过那是在汉宣帝去世以后。

由这两则故事，我们更加有理由相信，西汉时期，从皇帝到王公贵族，再到士大夫阶层，都有会下围棋的人。但客观地讲，六博的游戏规则简便易行，人们玩得更多；而围棋要复杂得多，也费时得多，玩的人自然会少一些。一般来说，古代的普通劳动群众玩不起围棋，围棋只在衣食无忧的阶层流行。西汉时期，下围棋的人即便不少，也只是在士大夫以上阶层流行。即使是士大夫以上阶层的人，玩六博的人也比下围棋的人多得多。

另外，有一个很重要的原因是，西汉时期还有一股反对下围棋的势力，而且他们反对的理由堂而皇之。汉文帝在位时，有一位著名的政论家名叫贾谊（公元前200年—前168年），他就曾反对下围棋，说下围棋是"失礼迷风"。他的意思是说，围棋的罪过很大，不仅破坏了礼仪，还迷乱了社会风气。贾谊的看法代表了一部分人的观点。汉武帝时期，董仲舒（公元前179年—前104年）经过一番努力，说服汉武帝采取了"废黜百家，独尊儒术"的文化政策，围棋虽然不在废黜之列，也必然遭受冷遇。到汉宣帝时期，即使会下围棋，汉宣帝刘询也对围棋评价很低。据《汉书·王褒传》记载：王褒以辞赋而受宣帝赏识，宣帝常与王褒等人一起打猎，还让他们作歌赋娱乐，并评定高下，分等级给予赏赐。谁知这些活动引起朝中一些人非议，汉宣帝辩解说，孔夫子不是说过"不有博弈者乎？为之，犹贤乎已"吗？而辞赋呢，大的与古诗一样有意义，小的也优美喜人。就像妇女织东西有高低档之分，音乐有雅俗之分，现在大家都用它们来愉悦耳目。至于辞赋，相比之下，还有表现仁义和讽喻的作用，能从中得到鸟兽草木等各种知识，要比倡优、博弈好得多了。

在这种氛围下，围棋在西汉时期不可能得到大的发展，就像秋天八月初四的月亮一样，羸瘦苍白。

二、法于用兵

到了东汉时期，我们就会发现，士大夫阶层下围棋的人就多起来了，而皇家和宫廷下围棋的情况却罕见于记载。

东汉著名文人学者，如桓谭、班固、马融、黄宪等，不仅是围棋爱好者，还有关于围棋的著作。

桓谭（约公元前40年—公元32年）是两汉之交的著名思想家和学者，著有《新论》29篇，其中谈论了围棋的理论。他认为围棋与兵法有共通之处。

在桓谭之后，东汉著名经学家和文学家马融（79—166）也认为围棋与兵法有共通之处。他写的《围棋赋》在中国围棋史上非常有名，其中唱道：

略观围棋兮，法于用兵。三尺之局兮，为战斗场。

先据四道兮，保角依傍。缘边遮列兮，往往相望。

他对围棋的战略、战术很清楚：要先占据要点，即相当于现在棋盘上的星位；要先保角作为根据地，然后扩张地盘；再在边地发展，但要注意自己势力的呼应和联络。这就相当于现在人们常说的"金角，银边，草肚皮"。由此可见，马融对围棋的了解已经很透彻，掌握了要领。

马融从棋局上发掘出了围棋与军事的关系。他认为，围棋是效法用兵而出现的，三尺见方的棋局就是战场。他的看法很有道理，但也有一定的局限性。其局限在于，围棋包含的文化内涵非常丰富，绝不仅仅限于军事。下面，我们将谈到一些人论述围棋与军事的关系问题，而且有许多军事家也与围棋结下了不解之缘的故事。

作为一位文学家，马融在他的《围棋赋》中用这样一段话来形容棋局上的图像和变化：

> 缘边遮列兮，往往相望。离离马首兮，连连雁行。
>
> 踔度间置兮，徘徊中央。违阁奋翼兮，左右翱翔。

这一描写，很有气势和美感。可以说，马融把围棋引进了文学园地，为后世关于围棋诗词歌赋的大量涌现起到了模范和先行者的作用。"雁行"成为典故，被后世频频引用。

东汉末期的著名文学家应玚（？—217）是汉献帝时期的"建安七子"之一，他写有一篇文章，名叫《弈势》，也是专门从军事的角度来论述围棋理论的。例如：他在文章中说的"奋维阐翼，固卫边鄙"，指的是对局势先从两翼入手，先取边地。"归不得合，两见擒灭"，说的是要注意将两片棋联络起来。同时，他在这篇文章中还以一些历史上有名的战例来说明围棋的战略、战术。如：他举燕昭王和齐顷公在遭到失败后发愤图强夺取胜利的例子，以说明围棋对局中一旦有局部的失误，就要加固自己，然后伺机进攻以取得全局胜利的道理；他举秦末楚汉相争中项羽失败，春秋时期吴越相争中吴王夫差失败的例子，以说明围棋对局中不要见利忘害、犹豫不决、当断不断、贪小失大等道理。

三、班固弈旨

《汉书》的作者班固（32—92）写过一篇文章——《弈旨》，全面系统地论述了围棋的文化内涵、价值和作用，是我国最早的围棋经典之作。他写道：

> 局必方正，象地则也；道必正直，神明德也；棋有黑白，阴阳分也；骈罗列布，效天文也。四象既陈，行之在人，盖王政也。成败臧否，为仁由己，危之正也。

这段话的大意是，方方正正的棋局代表着大地；横平竖直的经纬线代表着天地间正道的本质；黑子和白子代表着阴阳，即代表着宇宙间无穷变化的最原始、最根本的因素；而错落有致的棋子，则代表着天穹上的星斗，象征着茫茫的宇宙。四个角代表着东南西北四个方位，也就是古人所说的"四象"。在"四象"已经确定的情况下，棋手下棋全靠他自己了，这就像行事完全在于人本身一样，国家的政治要靠具体措施的实行。棋手的成败优劣，出于他自己的决断，就像行善出自仁爱之心一样，贪婪自私就是危险的征兆。

经过班固这样的开掘，围棋所包含的深邃而丰富的哲理，已经跃然枰间。

正如宋儒论述《周易》所说："太极生两仪，两仪生四象，四象生八卦。"太极犹如棋盘上的天元，黑子、白子犹如阴阳两仪，四个角上的星位犹如四象，整个棋盘代表着无穷的太空。棋局上经纬纵横，形成一个相互交汇、相互联系、无限延伸的网络，又正如老子所说："天网恢恢，疏而不漏。"天和地浑然一体，宇宙的一切，都在这小小的棋枰间表现出来。

班固认为，围棋靠的是智力和技能，而六博却不然："优者有不遇，劣者有侥幸。"六博比赛虽有胜负之分，但体现不出公平。至于围棋，水平高低是可以分清的，下得好就是下得好，不服不行。他认为，围棋还有一个很大的特点：

　　器用有常，施设无祈，因敌为资，应时屈伸，续之不复，变化日新。

也就是说，围棋的器具是可以不变的，无非就是一个棋盘，黑白两种棋子。但是，下棋要有对手，根据对手的情况临时应对，该进则进，该退则退。如果再下，就又和以前不一样了，每天都有新变化。

班固也把围棋和军事谋略联系起来，而且更进一步，还把政治谋略也引进了围棋：

　　或虚设预置，以自护卫，盖象庖牺网罟之制。堤防周起，障塞满决，有似夏后治水之势。一孔有阙，坏颓不振，有似瓠子泛滥之败。一棋破窒，亡棋复还，曹子之威。作伏设诈，突围横行，田单之奇。要厄相劫，割地取偿，苏张之姿。固本自广，敌人恐惧，三分有二，释而不诛，周文之德，智者之虑也。既有过失，通量弱强，逡巡儒行，保角依旁，却自续补，虽败不亡，缪公之智，中庸之方也。

在这段话里，一些人名、地名和相关典故需要解释一下。"庖牺"又叫包牺，即远古传说中的伏羲，相传他发明了渔网，使原始先民进入渔猎时代。"夏后"即大禹，夏朝的创始人，以治水闻名后世。"瓠子"是地名，位于今河南濮阳南，汉武帝元光三年（公元前132年）黄河在瓠子决口改道，百姓受害极大。武帝于元封二年（公元前109年）亲临瓠子口，指挥群臣及将军以下数万人填塞，堵住了决口。"曹子"即曹刿，又名曹沫，春秋时期鲁国大夫。公元前684年，齐国攻打鲁国，他主动请缨，和鲁庄公一起出战。他把握战机，等齐军三鼓之后，士气衰竭，他命鲁军一鼓作气反击齐军，获得大胜。"田单"，战国时齐国的将领。公元前284年，燕国上将军乐毅率五国军队伐齐，连下70余城，齐国面临亡国危机。田单用反间计使燕王调走乐毅，又用火牛阵突围反击，大获全胜，并收复了失地。"苏张"指战国时期的纵横家苏秦（？—公元前284年）和张仪（？—公元前310年）。苏秦运用"合纵"策略，联合韩、赵、魏、齐、燕五国反对强秦。张仪提出"连横"策略，联合秦、魏、韩等对付齐、楚。"周文"指周文王姬昌，他礼贤下士，以德治国，使国力逐渐强大，为最终灭掉商朝打下了基础。"缪公"即秦穆公，他在进取中原失败后，转而西进，扩张了势力，成为春秋五霸之一。

至于文中的"虚设预置""堤防周起""作伏设诈""突围横行""要厄相劫""固本自强""释而不诛"等，都是在描述下围棋的要领和技法。

此外，班固还对下围棋的好处做了总结，认为下围棋不仅能"乐以忘忧"，还利于"养性"，保持"静泊"心态，以至像彭祖一样健康长寿。

总之，班固的《围棋赋》第一次全面阐述了围棋的精要，揭示了围棋的文化内涵，正面肯定了下围棋的好处，是中国围棋史上划时代的作品。如果他不会下围棋，断然写不出这样的作品。

四、黄宪论机

黄宪，大约活跃于公元2世纪中期，《后汉书》有传。他著有文章《机论》，特地以围棋为例子来谈论"机"。这里的"机"是一个抽象的哲学范畴。在黄宪看来，宇宙万物都有"机"，做什么事情都要讲究"机"。这显然来自庄子的"万物皆出于机，皆入于机"（《庄子·至乐》）的断语。黄宪也模仿庄子的笔法，虚构出韩王、征君两个人物，以对话形式进入主题。黄宪认为，围棋就是典型的例子，最能说明什么是"机"，"弈以机胜，以不机败"。他写道：

> 弈之机，虚实是已。实而张之以虚，故能完其势；虚而击之以实，故能制其形。是机也，圆而神，诡而变，故善弈者能出其机而不散，能藏其机而不贪。先机而后战，是以势完而难制。

这段话的意思是说，什么是下围棋的"机"呢？不过是虚实而已。在实的情况下，要表现出虚来，这样才能使棋势完整地保持下去；对方虚的地方，要用实来攻击，这样才能限制他的形势。这所谓的"机",圆满而神奇,诡秘而多变,所以善于下棋的人能够运用"机"而不散乱,能够隐藏他的"机"而不贪婪。先"机"而后战,所以能够保持棋势的完整,使对手难以制约。

从这段论述,我们仍然很难用一两个词概括出"机"的全部含义。它可以是事物的关键,也可以是事物矛盾运动中所出现的机遇;既可以是一种谋略,一种变通,也可以是一种对机会的把握。总之,和我们今天所理解的机缘、时机、机会的"机"有些差别。

围棋虽然是一种技艺,被某些古人称为"小数""小道",但它绝不仅仅是一种娱乐和消遣手段,也不仅仅是一种竞技活动;相反,我们可以从中体会人生的真谛和奥秘。古往今来,不知道有多少仁人学子,通过围棋磨炼了性格,高洁了情操,陶冶了性情。也不知道有多少和尚道士,通过围棋看破了红尘,体悟了禅机,参透了妙理。世态的炎凉多变,人生的成败荣辱,都能和这小小的棋枰相联系。从一定意义上说,围棋也能够教人们如何把握行为,把握机缘,进而把握人生。

五、覆巢之下

"覆巢之下,焉有完卵?"这个成语出自《后汉书·孔融传》。

孔融(153—208),后汉末期人,相传为孔子第二十世孙,博学多能,很有才华。他刚直不阿,屡次给曹操提意见,遭到曹操忌恨,被判处"弃市"(弃市就是将人杀死,把尸体摆在街头示众,不准别人收尸)。当孔融被捕的时候,他7岁的女儿和9岁的儿子正在下围棋。知道父亲被捕了，他们仍坐在那里不动。别人问他们："父亲被捕了，你们怎么还不起来？"他们回答说："哪里有鸟巢毁了而卵不被打破的道理呢？"后来，有人把这话告诉了曹操，曹操果然把他俩也杀了。这个成语的意思是：鸟巢毁了，巢里的卵也会一起被打破。后人用这个成语比喻在大祸来临时，靠山倒了，自己也不会幸免。

六、背碑复局

"背碑复局"是个成语，用来比喻一个人的记忆力强。东汉末年有个文学家，名叫王粲（177—217），字仲宣，山阳高平（今山西邹县）人。他是文学史上著名的"建安七子"之一。他记忆力很强，大受人们称赞。《三国志·魏书·王粲传》记载了他背碑复局的故事：

有一次，王粲和别人一起走路，遇到路边有块石碑，读过之后，同行的人说："你能背诵下来吗？"他说："能。"于是，同行的人让他背过身不看石碑背诵碑上的文字，结果他背得一字不差。王粲还喜欢看别人下围棋，如果谁不小心把棋子弄乱了，他能为他们复局。有些人不相信，就故意在下完一局棋后用手帕把棋局盖上，然后另找一个棋局来让王粲复局，结果他摆得一子不差。

这是中国典籍中关于下围棋复局的最早记录。王粲能复局，这在今天看来并不稀奇，许多棋手都能做到。但我们可以从中受到启发，即：下围棋可以帮助人提高记忆力。

前面关于桓谭、班固、马融、黄宪对围棋的论述，加上这两则小故事，再次告诉我们，东汉时期围棋已经大大振兴。关于围棋理论的深度阐发，说明人们关于围棋实践的繁多和思考的缜密。小孩子下围棋，则说明下围棋已经在士大夫阶层的家庭里形成了一定的风气。

三 国

第三章

在中国历史上，三国时期很短，只有45年（220—265）。但在中国围棋史上，三国时期有不少围棋故事值得介绍。魏蜀吴三国都有一些人物会下围棋。例如：魏国有曹操父子下围棋的故事；蜀国有诸葛亮、费祎下围棋的故事；而吴国围棋最为兴盛，有孙策、吕范、顾雍、陆逊、诸葛融等的故事。

更重要的是，三国时期还出现了将围棋手分为9个等级的说法。相传，曹魏人邯郸淳写的《艺经》中有这样一段话：

夫围棋之品有九：一曰入神，二曰坐照，三曰具体，四曰通幽，五曰用智，六曰小巧，七曰斗力，八曰若愚，九曰守拙。

一看便知，这是一个自上而下的排序，一品最高，九品最低，与中国古代的职官品级相一致。应当说，邯郸淳说的棋品是后世段位制的前驱。但问题是，《艺经》早已散佚，它是邯郸淳所撰还是后人伪托，尚难定论。即便是邯郸淳所撰，曹魏时期是否真的实行过九品亦难考定。

一、曹氏父子

曹操（155—220），字孟德，是东汉末年著名的政治家、军事家和文学家，但他的棋艺很少有人提到。其实，他围棋下得很好。据西晋人张华的《博物志》说，曹操不仅喜欢草书，喜欢音乐，而且他的围棋水平与当时的围棋名手山子道、王九真、郭凯等人不分高下。这就告诉我们，曹操是围棋爱好者，而且当时还有一批知名的棋手。

曹操的儿子曹丕也喜欢下棋，据说他还利用下围棋毒死了弟弟曹彰。南朝刘义庆的《世说新语》说，曹彰骁勇善战，曹丕为此而忌恨他，想设法害死他。曹丕预先在一些枣子的蒂部放了毒药，然后他把这些枣子和一些没有放毒药的枣子混在一起。他邀请曹彰到卞太后屋里下围棋，命人把枣子端来，二人一边下棋一边吃枣子。曹丕知道哪些枣子有毒，就专挑没毒的吃。曹彰不知道，摸到就吃，有毒的和没毒的都吃了不少。曹彰中了毒，卞太后要救他，需要水。但曹丕已预先让人把盛水的瓶瓶罐罐都打碎了。太后急了，连鞋都没来得及穿就向井边跑，跑到井边时却找不到能打水的器皿。由于抢救不及时，曹彰没多久就死了。

这个传说暴露了专制统治阶级内部因争权夺利而不顾亲情，凶残杀戮，但也说明了当时围棋十分盛行。

二、功盖三分

在蜀国，诸葛亮（181—234）是否会下围棋还存疑问。诸葛亮以足智多谋和善于用兵为后世的人们所爱戴。他的名著《出师表》成为人们传颂千古的范文，不仅情感饱满，而且文采飞扬。后人对他的评价很高。唐代大诗人杜甫就写过多首诗颂扬他。其中，《八阵图》赞颂他："功盖三分国，名成八阵图。"这些诗也随着这两大伟人而流传千古。但是，正史中没有关于诸葛亮会下围棋的记载，倒是一些地方有关于他会下棋的风物传说。

虽然正史里没有记载，但诸葛亮会下围棋是可能的。原因有二：一是三国时士大夫间有下围棋的风气，诸葛亮受其影响是可能的。二是诸葛亮的哥哥诸葛瑾的儿子会下棋，也许诸葛瑾和诸葛亮也都会下棋。尽管我们很希望诸葛亮会下围棋，但无论如何，这仅仅是一种可能，不能完全认定。

费祎（yī），三国时期蜀国的大臣，诸葛亮的《出师表》提到过他，是诸葛亮信任的继承者。据《三国志·蜀书·费祎传》记载：费祎做蜀国的尚书令时，由于国家处于战争状态，公务十分繁忙、复杂。但费祎非常聪明干练，看文件时只要用眼睛很快地瞄一遍就可以知道文件的主要内容，速度比别人快得多，而且过目不忘。他只有早晨和傍晚有时间处理政务，其余时间便是会见宾客、饮食和游戏。他很爱下围棋，每次都玩得很痛快，但又不误政事。另一位大臣董允曾代费祎做了一段时间的尚书令。他也想学费祎的样子轻松地处理政事，但才过了十来天就出了差错。董允十分感叹地说："人与人的才干和能力相差得这么悬殊，这真是我所赶不上的。我整天都用来处理政务，还觉得顾不过来。"

公元245年，费祎已是大将军了。魏国的军队前来进攻，驻扎在兴势（今陕西洋县）这个地方。费祎奉命出征，率兵前去迎击敌人。在他还没有出发的时候，光禄大夫来敏前来送别，并要求同费祎下一盘围棋。正当战报交驰，人马整装待发之际，费祎与来敏却专心地下起棋来，丝毫没有罢手的意思。下完后，来敏说："我是通过下棋来考察你。你确实是率兵出征的合适人选，必定能狠狠地惩罚敌人。"果然，费祎率兵击退了敌人，加封为城乡侯。

三、东吴棋风

东吴的围棋应从孙策（175—200）说起，虽然正史里没有他会下围棋的记载，但后世流传有他和吕范（？—228）对局的棋谱。应当说，这个棋谱基本上是可信的。

顾雍（167—243）是三国时的东吴人，辅佐孙权，当了19年宰相。顾雍的长子叫顾邵，孙权把哥哥孙策的女儿许配给了顾邵，又派顾邵到豫章郡（今江西南昌一带）当太守。不久，顾邵便死于豫章郡。消息传到顾雍家里的时候，他正在和手下的一些官吏下棋。他见外地人来送信，又没有儿子的亲笔信，便知道儿子已经死了。尽管他的神色没有变，还在那里下棋，但他心情十分难过。他为了抑制自己的感情，紧握双手，以致指甲把手掌都挖破了，流出来的血染红了褥垫，但他仍坚持将棋下完。

陆逊（183—245）出身江南士族，少年时失去双亲，由于他精明强干，屡建功勋，娶了孙策的一个女儿为妻。公元222年，刘备攻打吴国，孙权任命他为大都督，他以"火烧连营"击败刘备，不久又大胜魏军，后来官至宰相。据《三国志·吴书·陆逊传》记载，嘉禾五年（232），孙权北征，命陆逊率领步兵，诸葛瑾率领水军去进攻襄阳。不巧的是，其间，陆逊派出的送信人被敌军捉去，他们的虚实已被敌军掌握。这使诸葛瑾非常担忧，立即给陆逊写信要求赶紧撤退。但陆逊不动声色，像平常一样和手下将领下棋玩。诸葛瑾虽然相信陆逊足智多谋，但还是亲自来见陆逊，问个明白。陆逊告诉他："现在要先稳住自己再稳定部队，然后施展计策，伺机撤退。如果现在就要撤退，敌人以为我们怕他们，就会来进攻，而我们必然会失败。"果然，虎视眈眈的魏军没敢轻易进攻。

《三国志·吴书·诸葛融传》说，诸葛瑾死后，他的二儿子诸葛融承袭了父亲的封爵，为大将军，执掌吴国兵权，驻守在公安（今湖北境内）。边关平静时，诸葛融就在秋冬之际与从属一起打猎和研究武学。春夏之际，他就大会宾客。在宴会上，诸葛融一一询问来宾会什么技艺。有的人说自己会下围棋，有的说自己会掷骰子，等等。诸葛融就把宾客按其技艺种类分成若干群组，让他们比赛，同时供给他们大量的瓜果和美酒。他自己则一组组地观看，整天都不觉得累。参加人员也有下层官吏和士兵。这说明围棋在东吴很普及，而且出现了围棋比赛。

四、孙和毁弈

孙和，字子孝，三国时期东吴皇帝孙权的第三个儿子，曾被立为太子，又被废。孙和认为：当世士人应当研究和培养自己的学问和才干，学习驾车和射箭的本领，这样才能对社会有好处。而交游和博弈对事业有妨害，不是成长和进步的手段。他还认为：下围棋浪费时间，没有实际用处，耗费精力而最终又没有收获，不能靠它提高道德修养，为干事业准备条件、积累功德。有志之士爱惜时间和精力，君子仰慕德高望重的人，而以不能达到他们的水平为耻辱。天地长久，人生活在天地之间，时间之快被喻为白驹过隙，人一旦老了，就再也没有精力充沛的好时候了。令人担心的是，不能断绝个人的欲望。如果真能杜绝无益的欲念，而奉行道德和仁义的路线，放弃不需要做的事而去为建功立业打基础，那对于功名和品行不是很好吗？但是，人之常情又不能没有娱乐，娱乐的享受也存在于饮宴、弹琴、书法、射箭、驾车和骑马当中，为什么一定要下围棋才能感到快乐呢？

他还让下属写文章论述围棋的危害。其中，有个名叫韦曜的人就写了《博弈论》，力陈下围棋的弊端。

孙和与韦曜的观点值得研究，他们主张年轻人积极上进是对的，但他们对围棋的看法是片面而过激的。既然人需要娱乐，饮宴、弹琴、书法都有乐趣，那么为什么不能下围棋呢？正如孔子所说："不有博弈者乎？为之，犹贤乎已。"

第四章

两晋

三国末年，魏国政权为司马懿之子司马昭（211—265）把持，他篡位的野心不断膨胀，所以有"司马昭之心，路人皆知"的成语。司马昭野心虽大，但在消灭了西蜀之后，他也没有胆量称帝。倒是他的儿子司马炎（236—290）干净利落，于公元265年称帝，建立了晋朝（**西晋**），史称晋武帝。晋武帝是晋朝第一任皇帝，也是晋朝第一位会下围棋的皇帝。

由于晋武帝爱下围棋，西晋后宫下围棋成风。

两晋时期，士大夫阶层还掀起了一股崇尚清谈风气。这与佛教和道教在中国的发展有关，也与上层统治阶级的奢侈腐败有关。他们在追求闲适淡雅生活情趣的同时，也对围棋产生了极大兴趣。这一时期，不仅士大夫间下棋成风，也有僧人加入了下围棋的队伍，还有一些文人，如曹摅（shū）（？—308）、蔡洪等，追慕前贤，写出了《围棋赋》以示高雅。

两晋时期，有一些名门望族，如羊氏家族、裴氏家族等，这些大家族里有许多人都会下围棋，留下了不少有关围棋的故事。

"旧时王谢堂前燕，飞入寻常百姓家。"这是唐朝诗人刘禹锡的两句诗。诗中的"王谢"指东晋以王导和谢安为首的两大家族。这两大家族在那段时期里很有影响，世代都有高官。这两个家族的后代在南北朝时期也很有影响，读书和做官的人很多。这两大家族的许多成员都会下围棋，可以说是中国围棋史上的两大围棋世家。从某种意义上讲，这两大家族起到了主导东晋社会风气的作用。

一、张华推枰

公元279年，晋武帝司马炎统一了中国的大部分地区，只剩下孙皓统治下的东吴了。此时，晋武帝便想进一步灭掉东吴，完成统一中国的大业。但是，朝廷大臣大多数都不同意，只有杜预（222—284）、张华（232—300）等少数人赞成。当杜预领兵在外并做好进攻东吴的军事准备后，晋武帝反而下不了决心，想拖到一年以后再攻打东吴。杜预上表给晋武帝，分析了形势，要求尽早进攻。但晋武帝仍然没有拿定主意，杜预再次上表。当表文送到晋武帝面前时，他正在和中书令张华下围棋。张华也极力主张进攻东吴，这时他见杜预的表文送到，立即推开棋局，极力劝说晋武帝当机立断。晋武帝被说服了，当场同意立即发兵攻打东吴。

当时，王濬（206—285）任巴州太守、益州刺史，也和杜预、张华一样力主攻打东吴。他一直在积极备战，大造舰船，训练水兵。当得到讨伐东吴的命令时，他立即指挥水军沿江东下，一路连拔要镇，直逼建康（今南京）。正所谓："王濬楼船下益州，金陵王气黯然收。"公元280年，孙皓被迫投降。

这则故事出自《晋书·杜预传》和《晋书·王濬传》。

二、孝子围棋

据《晋书·阮籍传》记载：阮籍（210—263）特别孝顺，但他放荡不羁。母亲去世的时候，他正在和别人下围棋。对手听说他的母亲去世了，就叫他不要下了，但阮籍坚持要对手下完这局棋以决胜负。下完棋，他连着喝了两斗酒，大叫一声，吐了好多血。

据《晋书·王戎传》记载：王戎（234—305）做了光禄勋和吏部尚书以后，母亲死了，他便辞职回家为母亲守孝三年。王戎很孝顺，但性格放荡，不拘礼法。他在守孝期间仍然喝酒吃肉，还如痴如醉地看别人下棋。

中国历来提倡孝道。阮籍和王戎都是"竹林七贤"中人物，又都以孝顺闻名。二人年纪相差很大却是忘年之交，所以他们有相似的个性，都是酒鬼加棋迷。看来，不同的时代、不同的环境会造就不同的个性，也会造就不同的孝顺方式。

东晋名士王坦之也是这样的孝子。据《世说新语》记载：王坦之在守孝期间不顾世俗的禁忌，每当有客人来访，只要客人会下围棋，他都要拉住客人下棋，绝不放过机会。他甚至把围棋称为"坐隐"。后世因此又把下围棋叫作"坐隐"。"坐隐"大概是指下围棋能够忘忧，进入一种脱离世俗的超然境界，如隐居山林一般。

三、宫中棋影

贾充（217—282）为西晋大臣，晋武帝司马炎欲伐东吴时，他曾极力反对。但他于朝廷有功，加上他女儿贾南凤嫁给了太子司马衷，晋武帝并未因政见不同而疏远他，反而委以重任。后来，晋武帝死，司马衷（259—306）即位，史称晋惠帝。晋惠帝荒淫无能，贾南凤（256—300）为皇后，把持朝政。

贾皇后有一个侄子，名叫贾谧。贾谧依仗贾皇后的权势，出入宫中，如履平地。贾谧经常和当时的愍怀太子一起下棋。有一次，贾谧和愍怀太子下棋时争执起来，正好被成都王司马颖遇见，司马颖就斥责贾谧无礼。贾谧怀恨在心，就到贾皇后跟前告状。因为愍怀太子不是贾皇后所生，贾皇后在听到谗言后便把成都王降爵，不久也废掉了愍怀太子。

这则故事说明，西晋宫中争权夺利很厉害，而下围棋的风气也很浓厚，棋盘上杀机四伏。

四、王导父子

据《晋书·王导传》记载：王导（276—339）的大儿子叫王悦。王悦少年时侍奉父母很周到，王导很喜欢他。据《晋书·王悦传》记载：这父子俩都喜欢下围棋。有一次，他俩下棋，作为丞相的王导竟然和儿子王悦因输赢而争执起来。最后，王导笑着说："相与有瓜葛，那（通"哪"）得为尔耶？"意思是："我和你是啥关系，怎么能为这点儿事争执不休呢？"

《世说新语》记载的这件事稍有不同："每共围棋，丞相欲举行，长豫按指不听。丞相笑曰：'讵得尔？相与似有瓜葛。'"意思是，一块儿下棋时，每当丞相（**王导**）要拿棋子（**悔棋**）时，王悦（**字长豫**）就按住他的手不让（**他悔棋**）。丞相就笑着说："怎么能这样呢？咱俩好像关系还不错吧。"从这一记载看，王导很有童心和幽默感。这父子俩下棋不仅是一种消遣，还在争执中不伤亲情。

《晋书·王导传》又记载：王导的二儿子名叫王恬，他从小就喜欢学武，不拘礼法，王导不大喜欢他。但王恬的围棋下得很好，当时被称为"第一品"，而王导不过是"第五品"。

五、淝水之战

据《晋书·谢安传》记载：太元八年（383）冬，前秦皇帝苻坚（338—385）率领号称百万的大军进攻东晋。当时东晋抗敌的主帅是谢安（320—385）。大兵压境时，京城的人都十分惊恐，但谢安非常平静，一点儿也没有露出紧张的表情。他的侄子谢玄（343—388）来向他探问对敌作战的计划，他只说了一句："已经另有安排了。"说完，他便不再作声。谢玄不敢再问，就让张玄去探问，谢安不仅不答复张玄，反而命令手下人召集亲朋好友到他的山间别墅去聚会。谢安不仅镇定自若，还特意拉着谢玄下围棋，而且把别墅当作赌注。谢玄平时下棋总是赢谢安，可这一次他心神不定，与谢安下得棋逢对手，最后反而输了。谢安赢了棋，很高兴，回头对身后站着的外甥羊昙说："我把赢来的别墅给你。"就这样，谢安一直游玩到晚上才回城。回城后，他立即调兵遣将，布置任务。

谢安临敌不惧，处变不惊，指挥若定，表现了军事家的风度。其间，围棋无异于一针镇静剂，起到了安抚民心、镇定军心的作用。谢玄等将领到前线后，以8万精兵大败苻坚的80万大军。这场战争就是历史上有名的"淝水之战"，是中国历史上著名的以少胜多的战例，在中国军事史上留下了不朽的战绩。

当捷报送到京城的时候，谢安又在同客人下棋，他接过战报，看了一遍，便把它放到一边继续下棋，脸上一点儿高兴的样子也没有。客人问是什么事，谢安只轻描淡写地回答了一句："孩子们已经打败了敌人。"这是多么大的喜讯啊！谢安的内心怎么能不高兴？下完棋后，谢安往内庭走，过门槛时不小心把脚上穿的木屐齿碰折了，他竟没有觉察。

谢安赌别墅的事时常被后人当作典故用在诗文中。

六、僧人雅好

支遁（314—366），字道林，东晋高僧，善解佛教经义，曾注《庄子·逍遥篇》，将道家学说与佛家学说相融合。支遁有学问，为时人所推重，谢安、王羲之等一批社会名流都与他来往密切。《世说新语》多次提到支遁，说他把围棋称作"手谈"。从此，"手谈"便成为围棋的别名。

鸠摩罗什（344—413），后秦高僧，中国佛教史上的四大译经大师之一。他父亲是印度人，母亲是龟兹人，他出生在西域龟兹国（今新疆库车市一带）。少年时代，鸠摩罗什曾随母亲访问印度，饱学印度古代语言和佛教知识。回国后，他受到前秦皇帝苻坚的仰慕。苻坚命大将吕光把鸠摩罗什带回了长安。淝水之战后，前秦瓦解，苻坚被杀，鸠摩罗什便在凉州（今甘肃武威市）住下。后来，他又被后秦皇帝姚兴（366—416）请到长安，拜为国师。从此，鸠摩罗什一边翻译佛经一边讲经说法，广招门徒，成为当时北方的佛门领袖。

据《晋书·吕纂传》记载：鸠摩罗什曾经和吕纂下棋。吕纂吃鸠摩罗什的棋子时说："砍胡奴头。"古人称西域人为胡人，胡奴是吕纂对鸠摩罗什的戏称。鸠摩罗什回敬吕纂说："不砍胡奴头，胡奴砍人头。"谁知道鸠摩罗什下棋时说的这句玩笑话竟真的应验了，后来吕纂被吕超杀死，而吕超的小名就叫胡奴。

这当然是一种巧合或者附会。唐朝人段成式的《酉阳杂俎》讲，鸠摩罗什与别人下棋时，把对方被围死的棋子提掉以后，所围的空处呈龙凤形状。后人对他加以神化，认为他料事如神。

顺便说一下，不少棋界学者认为，围棋很早就传到了印度。他们的根据大抵有三：一是一些汉译佛经提到了围棋；二是鸠摩罗什会下围棋，三是围棋曾传到西藏，又从西藏传到尼泊尔。其实，仅凭这些尚不足以断定围棋在中古时代（约500—1500）以前就传入印度了。至于近代（晚清时期），有不少华人去印度谋生并落地生根，倒是有可能将围棋带入印度，但仍待查实。

七、裴遐雅量

据《晋书·裴遐传》记载：晋朝人裴遐素有涵养。有一次，他在平东将军周馥的家里做客，正与客人下围棋。周馥手下的一位司马轮流为客人斟酒，轮到裴遐时，裴遐接过酒放到了一边，没有当即喝掉。这位司马认为，裴遐这是不尊重他，再加上他喝醉了酒，趁机发怒，把裴遐从座位上拖到了地上。裴遐从容地爬了起来，又坐到座位上，继续下他的棋，脸色和先前一样平静。

八、劝人戒弈

据《晋书·陶侃传》记载：东晋大臣陶侃（259—334）素以爱惜时间著称。他经常对人说："大禹是圣人，还要爱惜每一寸光阴。至于一般人，更应当珍惜每一分光阴。怎么能够放肆地玩乐，醉生梦死，浪费时间呢？活着没有给社会带来好处，死了没有给后人留下名声，这是自暴自弃。"在他任征西大将军镇守荆州的时候，部下有因游戏、饮酒而误事的，他就命人把他们的酒器和游戏器具全部扔到长江里。他还要鞭打误事的官吏，谴责他们说："掷骰子赌博，是猪倌的游戏。"晋代何法盛的《晋中兴书》说，陶侃曾对手下说："围棋是尧和舜用来教导愚蠢的儿子的，你们都是国家的人才，为什么要玩这个呢？"

这则故事说明，晋朝时期围棋兴盛，军队中也有人玩，而且用来赌博。当然，陶侃对围棋的偏见是不可取的。

祖纳是祖逖的哥哥，爱好下围棋。他的好友王隐时常劝阻他，问他为什么要下棋浪费时间，祖纳说："我不过是借以忘记忧愁罢了。"王隐又说："古人遇上好时机，便努力做官，用他们的成就宣扬他们的理想道义；没有遇上好时机，便用语言文字来表现他们的才能。古人能这样做，今人也应当这样做。当今晋朝的事迹还没有书籍记载，而天下大乱，过去的事都被忘却了。你自幼长在大都会，又在四方做官，对中华的成功和失败，应当都有耳闻目睹，为什么不把这些都记述下来并发表一些个人意见呢？应仲瑗（**应劭，东汉学者**）写出了《风俗通》一书，崔子真（**崔寔，东汉文学家**）写出了《政论》，蔡伯喈（**蔡邕，东汉文学家**）写出了《劝学篇》，史游（**西汉人，精通字学、书法**）写出了《急就章》，这些书至今还在世上流传。他们虽死去了，他们的作品却是不朽的。我尽管没有什么才能，也并非没有远大志向，我所担心的是死后不能留下好名声，所以才自强不息。况且国家的历史事迹中的成功和失败是很清楚的，都可以拿来消愁解闷，这是两全其美的事情。为什么一定要下围棋才能忘记忧愁呢？"祖纳长叹一声，说："我不是不喜欢你的想法和做法，只是我的能力达不到。"

在以上两则故事中，陶侃用丢掉棋具的办法让人戒弈，王隐则苦口婆心地劝喻祖纳。他们都是好心。他们对围棋的看法有一定的偏见，但也有一定的道理。当时，下围棋成风。对业余棋手来说，如果因下围棋而耽误了大事，是不可取的。

后来"忘忧"成为典故，人们常以"忘忧"表示下围棋的好处。

九、围棋神话

晋代出现了"志怪小说"，其中就有关于围棋的神奇故事，我们这里不妨把它们称为"围棋神话"。

其一：《赵颜求寿》。

干宝的《搜神记》中有《赵颜求寿》的故事：

有一个名叫管辂的人，擅长各种法术，能洞察过去和未来的事。

有一次，阴历五月间，管辂赶路走到南阳平原，看见一个少年在田里割麦子。看到少年后，管辂连连叹息地走了过去。少年很奇怪，就问："老人家有什么为难的事吗？为什么这样连声地叹气呢？"管辂反问少年："你叫什么名字？"少年说："我姓赵名颜。"管辂说："我倒是没有什么事，只是见你的面相后，发现你的寿命不会超过20岁，所以才叹气。"赵颜听了，立即跪下给管辂叩头，请求管辂帮助他。管辂说："人的寿命都是天定的，不是我所能救助的。"赵颜听后，立即跑回家把这件事告诉父亲。赵父听了大惊，当即和赵颜骑上马去追赶管辂。追了不到10里路就赶上了管辂。父子二人下马参拜管辂，赵父说："刚才我儿子承蒙圣人指示，得知寿阳不到20岁便要夭亡。圣人如果有法子救他一命，我们一定会重重地报答您的恩情。"管辂说："命里注定的事，我也没有办法。不过，我看你们很诚恳，就想个法子试试吧。你们暂且回家去，准备好清酒一大升，干鹿肉一斤。我过两天就到你们家去，替你们去求人，延长寿命，但不知道能不能行。"

赵家父子回家后便准备好了清酒和干鹿肉，一心等着管辂到来。管辂果然按时来了。他对赵颜说："你在卯日这一天到割麦子的那块地南边去，会看到有两个人在一株大桑树下下围棋。你把这些酒和肉都拿去，放到他们二人跟前，他们自然会喝酒，喝完你就给他们斟上，直到喝光为止。如果他们问你话，你只管叩头，千万不要说话。到时候，一定会有人救你。我在这里等候你的消息。"

赵颜按照管辂的嘱咐去了那块地南边，果然看见有两个人在一株大桑树下下围棋。他非常谦恭地上前侍候二人，摆上鹿肉，斟上清酒。那两个人一心在下棋，见有酒肉便吃了起来，根本不知道赵颜在一旁。棋下完了，酒也喝完了，坐在北边的那个人才抬起头来。他忽然发现赵颜站在一旁，非常生气，斥责说："你在这儿干什么？"赵颜立刻跪拜，并不答话。坐在南边的那个人对坐在北边的人说："吃了人家的东西嘴短，心中也有愧。刚才喝了他的清酒，吃了他的鹿肉，能不讲点儿情面吗？"坐在北边的人说："文书上已经注定的事，不能随便更改。"坐在南边的人说："把文书拿出来我看看。"说着，他接过文书，见上面写着赵颜的寿命是19岁，就说："这容易，可以改过来。"说完，他就拿出笔，把"十"和"九"二字勾画了一下，对赵颜说："这回让你活到90岁。"赵颜听了，高兴得不得了，连连拜谢，然后便回家去了。他回到家后，管辂说："恭喜你延长了寿命。以后要记住：北边坐的那个人是北斗星君，南边坐的那个人是南斗星君。南斗星君专门掌管人生，北斗星君专门掌管人死。一般有事都要向南斗星君请求。"赵颜的父亲备好贵重的礼物送给管辂,表示感谢,但管辂什么都没有要。

其二:《仙馆琼浆》。

据传,陶潜撰写的《搜神后记》中有一则叫作《仙馆琼浆》的故事:

从前,嵩高山北面有一个大洞穴,谁也不知道有多深。当地老百姓每年都要到那里游玩。晋朝初年,曾经有一个人不小心掉到了洞穴里,与他同行的人希望他能幸存下来,向洞穴中投下一些食物。掉下去的那个人得到了这些食物,就开始寻找洞穴的出口。他大约走了十多天,忽然发现前面有了光线。继而,他又发现了一个草屋,里面坐着两个人,正在下围棋。棋局边上放着一杯水。他非常渴,就向下棋的人讨水喝。下棋的人说:"可以喝。"那个人就把那杯水喝了。喝完后,他觉得气力顿时增加了10倍。下棋的人问他:"你愿意留在这里吗?"那个人不愿意。下棋的人又说:"你从这儿往西边走,就会遇到一个天井,井中有不少蛟龙,你不要管,只管投身于井中,自然会走出去的。如果饿了,就取井中的食物吃。"那个人就按照下棋人的话走了,大约花了半年时间从洞穴里走了出来。他回到洛阳后便去问当时以博学著称的张华,张华告诉他说:"那两个下棋的人是仙馆大夫,你喝的那杯水是玉浆,你所吃的食物是龙穴里的石髓。"

以上两则故事说明,两晋时期就出现了以围棋为题材的小说,这为"围棋小说"不断涌现开了先河。也就是说,围棋普及为中国小说的发展做出了一定贡献。

南北朝

第五章

魏晋南北朝时期，中国处于南北分裂的状态，北方的少数民族不断向中原地区迁移，并建立政权。这一时期，中原地区战乱频仍，政权不断更迭，百姓遭到深重苦难，但这也在客观上促进了中华民族的形成和发展。因为这是中国历史上一次空前的民族大融合，也是中华文化的一次空前规模的大整合。

在这个过程中，作为中华文化的组成部分，围棋也曾扮演重要角色，起到了自身特有的作用。例如：北魏的统治者是鲜卑族，他们在中原地区建立政权后，不仅接受了中原文化，也把鲜卑族的文化带给了中原的汉人。

北魏世祖拓跋焘（408—452）善于下围棋，这就开了个好头，带动了北方围棋的发展。据《魏书·蒋少游传》载：北魏高祖孝文帝元宏（**原名拓跋宏**）在位期间（471—499），北魏有一个名叫范宁儿的人擅长下围棋。范宁儿曾和李彪一起出使南齐，齐武帝萧赜（zé）命令江南围棋上品王抗与范宁儿对局。结果，范宁儿得胜而归。这个故事说明南北朝时期我国北方的围棋活动也很兴盛，也有围棋高手。此外，北齐时期有围棋高手王子冲，北周时期有围棋高手宇文贵。

南方的围棋本来就有雄厚的基础，而南朝宋、齐、梁、陈的皇帝大多喜欢围棋，如宋文帝、宋明帝、齐高帝、齐武帝、梁武帝、梁简文帝等，经他们提倡，南方的围棋活动日益繁荣。南朝宗室也有许多围棋爱好者，加上士大夫中的围棋爱好者，就使南朝的围棋活动形成了规模，其繁盛景象不是北朝所能比拟的。

总之，南北朝时期是围棋的繁荣时期，给我们留下了许多精彩的围棋故事。

一、古弼上书

据《魏书·古弼传》记载：古弼，代郡（今山西代县）人。古弼少年时代就忠诚勤谨，好读书，又善于骑马射箭。北魏太宗皇帝拓跋嗣很赏识他，特地赐名给他，叫"笔"，意思是他像笔一样直而有用；后来又赐他改名为"弼"，意思是希望他成为辅助朝廷的人才。北魏世祖拓跋焘当皇帝后，古弼也做了官。有一次，上谷（今北京延庆）百姓给皇帝上书，说皇家的园林建立得过多过大，把老百姓的土地都占去了，使他们无所依靠，无法生活，要求减掉园林的一大半，把土地赐给贫苦的老百姓。古弼读了以后，觉得很有道理，就到内廷去找皇帝。没想到，他正巧遇到皇帝在和给事中刘树下围棋，根本不愿听他奏事。古弼坐在旁边等了好久，始终没得到奏事的恩准。他急了，起身走上前，但又不敢对皇帝怎么样，只好把一肚子怒气发泄到给事中刘树身上。他当着皇帝的面揪住刘树的头发，把他从座位上拖到地上，又用手揪他的耳朵，用拳头擂打他的后背，还一边打一边说："朝廷不治理朝政，其实都是你的罪过。"皇帝立即严肃起来，说："不听你奏事，是我一个人的责任，刘树有什么罪过？快放开他！"古弼这才把上谷百姓上书的事详细地说了一遍，并提出了处理意见。皇帝觉得古弼刚直公正，完全同意了他的意见，把土地分给了老百姓。

二、仆人劝学

据《魏书·甄琛传》记载：甄琛，字思伯，中山毋极（今河北满城一带）人。甄琛少年时代就很聪敏，读了许多书。后来，他被推举为秀才，进了京城。在京城那几年，他时常下围棋浪费时间，甚至通宵达旦地下个不停。甄琛身边有个仆人，甄琛下棋时，总是让仆人拿着烛火站在旁边照明。有时仆人困得不行，打个盹儿，甄琛就用棍子狠狠地打他，而且他不止一次这么做了。仆人实在承受不住这份苦差了，就对甄琛说："你辞别父母，是为了做官才来到京城的。如果你读书让我擎烛火，我绝不敢推辞。现在你是在下围棋，而且日夜不停地下，难道这就是你来京城的目的吗？再说，你因下围棋而用棍子打我，不也是没有道理吗？"听了仆人的话，甄琛感到很惭愧。于是，他就从许睿、李彪处借书来研读，大大增进了学问。后来，他在北魏太和元年（477）被拜为中书博士，数年后又升为谏议大夫。

如我们前面说过的，作为业余棋手，可以把围棋当作一种游戏，一种消遣，但不能因围棋而耽误学业。甄琛酷爱围棋，耽误了正事。幸亏他有个好仆人，使他如大梦初醒。"亡羊补牢，犹未为晚。"通过刻苦学习，甄琛最终学业有成，出人头地，名留青史。对青少年来说，这是个很好的榜样。

三、把握分寸

作为普通的围棋爱好者，下围棋是需要把握分寸的，该下的时候下，有好处；不该下的时候不下，成就大事。

《魏书》的作者是北齐魏收，他在该书的《自序》中提到了父亲魏子建爱下棋的故事：当初，魏子建当前军将军的官，10年没有升迁，在洛阳闲居无事，经常与吏部尚书李韶及其堂弟李延实下棋。每逢时人说起下棋成为他的"癖好"时，魏子建便说："在掌握时机、把握主动、廉洁不贪、勇猛果敢等方面，围棋包含深刻的道理。况且，没有重任在身时，我是可以下下棋的。"等到朝廷让魏子建处理边境要务的时候，他整整5年没有同别人下过棋。

魏子建讲出了下围棋的两大好处：第一，人们可以从围棋中体会到不少有用的道理；第二，围棋具有消遣的作用。魏子建作为业余棋手，正确地处理了下围棋和处理公务的关系。

谢弘微（**本名谢密**）是晋代著名的谢氏家族的后裔，性格温和宽厚。他平时不爱发火，也很少喜形于色。到了晚年，他的性格却发生了一些变化。有一次，他同一位友人下围棋，友人的棋势不大好，西南角有一片棋处在危险中，如不及时补救，很可能被谢弘微围死。这时，旁边有一位看棋的人提醒那位友人说："西南角风声紧急，弄不好要翻船。"那位友人立刻觉察到了，及时加以补救。谢弘微本来就要赢了，这样一来，他的形势反而不好了。他为此大怒，把棋局掀翻在地。一些了解他的人知道，这是他晚年出现的心理失态。

古人下围棋很讲究修养。谢弘微的情况属于例外，是晚年心理失态的表现，在可原谅之列。如果不是这样，下棋人输了棋就把握不住情绪，把棋局掀翻，实在是不被允许的，因为这样做既有害于身心健康，也会伤友人的心。

四、棋手命运

据《南史·羊玄保传》记载：羊玄保，泰山南城人，善于下围棋。宋文帝刘义隆（403—457）很喜欢下围棋，曾用一个郡和羊玄保来赌输赢，羊玄保胜了，文帝就把他补为宣城（位于今安徽境内）太守。后来，文帝认为羊玄保廉洁奉公，连着把好几个有名的郡给他治理。羊玄保治理这些地方，虽然没有取得什么特殊的政绩，但他离开这些地方时，当地人总是怀念他，这是因为他不为自己牟取财利。文帝曾经说过："人做官并非只靠才能就行了，还要靠命运和机缘。每当有好官职时，我总是先想到羊玄保。"

羊玄保爱下围棋，何尚之也很爱下围棋。吴郡钱塘（今浙江杭州）有个人名叫褚胤，7岁那年就被评为围棋高手，长大后成为当时的头号棋手。后来，褚胤的父亲犯了反叛的罪，褚胤也要跟着被判死刑。何尚之坚持向皇上请求说："褚胤的围棋下得极其高明，超过古人，冠绝当世。犯罪因有才能而获赦免的例子古已有之，处死父亲而宽恕儿子的例子也很多。所以，请留给褚胤一条小命，好让稀世绝技得以流传。"但皇上最终还是没有同意何尚之的请求。当时的人对褚胤的死感到十分痛惜。

作为同代棋手，羊玄保和褚胤的命运如此不同，这是发人深思的。在专制社会，皇帝拥有至高无上的权力。一切都为他们的统治服务，围棋自然也不例外。

五、当局者迷

"当局者迷，旁观者清。"这一成语既可以连用，也可以分开使用。它的意思是说，当事人容易糊涂，认识不全面，反而局外人看得清楚。其中，"局"是棋局。这个成语最初是"当局若迷"，出自《宋书·王微传》，是王微在一封信中首先使用的。王微是南朝刘宋时期的人，祖籍是山东临沂。我们前面曾说，从晋朝到南北朝，山东临沂的这个王氏家族很兴旺，历代都有人做朝廷命官，对当时的时局有过重大影响。有趣的是，这个庞大的王氏家族中有许多成员精通围棋，史书上有不少记载。王微作为这个家族的一员，提出了"当局若迷"这一说法并不奇怪。

据《南史·颜延之传》记载：颜延之，琅琊（今山东临沂）人，少年时孤苦贫穷，但喜欢读书，文章冠绝当时，与谢灵运齐名，世称"颜谢"。颜延之后来做了官。他个性很强，狂放不羁，会下围棋。宋文帝曾召见颜延之，但颜延之不见，他喝得大醉，还疯狂地唱歌。第二天，他酒醒了才去见宋文帝。

有一次，宋文帝曾问起颜延之儿子的情况，颜延之回答说："大儿子继承了我的笔，二儿子继承了我的文章，三儿子继承了我的仗义，四儿子继承了我的酒量。"大臣何尚之在一旁问："谁继承了你的狂傲呢？"颜延之说："我的狂傲是任何人也比不上的，谁也继承不了。"不久，他就因下围棋而被免除官职。

一般来说，一个人的性格和下围棋的风格是一致的，有什么样的性格就会走出什么样的棋风。下围棋对一个人性格的形成也有反作用，下围棋不仅可以磨炼人的意志，也可以磨炼一个人的性格。颜延之个性很强，狂放不羁，他下起围棋来也一定是肆无忌惮、无拘无束的。所以，他因下围棋而被免官是不足为奇的。这似乎也可以被认为"当局者迷"。

六、王彧之死

围棋对人的性格意志有影响的另一个例子是王彧之死。

据《南史·王彧传》记载：王彧，字景文，因为他的名与宋明帝刘彧的一样，时人称呼都称他的字。

宋文帝刘义隆在位时期（424—453），很看重王彧，为儿子刘彧娶了王彧的妹妹。刘彧继位为宋明帝（465年—472年在位）后，王彧屡次升官，地位显赫。

471年，明帝感到身体不适，觉得自己将不久于人世，而太子年幼，怕皇位被别人夺去，便杀了他觉得不利于太子的几个大臣。他认为，王彧是皇亲国戚，而另一个大臣张永能征善战，这两个人将来也靠不住，就亲自编了一个谣言，作为杀死他们的舆论准备。这个谣言是："一士不可亲，弓长射杀人。""一士"组成"王"字，"弓长"组成"张"字，分别代表王彧和张永。宋明帝还把立过大功的弟弟全都杀死了，只留下没有才能的弟弟刘休范，打发他到外地做官去了。

宋明帝最担心的是王彧，因为明帝死后，皇后会垂帘听政。王彧是皇后的哥哥，很有可能把大权夺去。于是，明帝在病重时派人送毒药给王彧，把他赐死了。送药的使者转达明帝的话说："朕不认为你有罪，但朕不能独自死去，只好请你先死。"明帝又亲手写下诏书说："因为朕同你有交情，想保全你一家老小，才做出这样的决定。"诏书送到王彧家的那天晚上，王彧正在同客人下棋。王彧接过盛放诏书的盒子，打开看了一遍，重新装好，放到了棋局下面。他神色丝毫没有变化，继续下棋。他在同客人争劫，直到这个劫打完了，他才把棋子收拾起来，貌似漫不经心地说："我刚刚接到了皇上的赐死诏书。"说完，他把诏书拿出来给大家看。毒酒送来了，没等王彧喝，旁边一个名叫焦度的门客就十分气愤地把酒泼在地上，说："大丈夫怎么能坐着接受死呢？州里的文武官员有数百人，足以起来大干一场。"王彧说："我知道你的一片赤诚之心。不过，我要为家里一百来口人考虑。这是为我好。"于是，王彧开始研墨写信，感谢皇上向他下达赐死诏书。然后，他又准备好毒酒，端起来对大家说："这个酒是不能劝别人喝的。"说完，他一仰脖，把毒酒喝了下去。

七、千秋功罪

据《南齐书·刘修传》记载：尚书右丞荣彦远因善于下围棋而受到宋明帝的宠爱，他的妻子却因此嫉妒他，用指甲抓伤了他的脸。宋明帝知道了这件事，就对荣彦远说："我替你惩治她，怎么样？"荣彦远不知道皇上会怎么惩治他的妻子，便不假思索地回答说："听从圣旨。"谁知，当天晚上，宋明帝就赐毒药毒死了荣彦远的妻子。

宋明帝刘彧非常喜欢下围棋，但棋艺很低劣。据《南齐书·虞愿传》记载：一些人为了讨好宋明帝，故意说他的水平达到了第三品。他很得意。宋明帝与当时的第一品棋手王抗下棋时，王抗总是有意让他，还说："皇上飞棋，连臣下我都不能断开。"明帝竟然听不出这是奉承话，反而真以为自己水平高，更爱下棋了。宋明帝还建立了"围棋州邑"制度，任命他的弟弟建安王刘休仁为"围棋州都大中正"，任命王谌、沈勃、庚珪之、王抗四人为"小中正"，任命褚思庄、傅楚之为"清定访问"。

宋明帝设置的这些官职主要是负责评定和发现各地围棋人才的，这就是我国历史上第一个由官方设置的围棋机构。这也算是古人对围棋发展的一项贡献吧。

八、王抗品棋

南朝时期，琅琊人王抗的围棋属于"第一品"，吴郡吴州（今江苏苏州）人褚思庄与会稽（今浙江绍兴）人夏赤松并列"第二品"。夏赤松思维敏捷，善于走战术棋。宋文帝刘义隆在位期间，羊玄保做会稽郡太守，宋文帝就派褚思庄到会稽郡找羊玄保对局，还要他把对局的棋谱带回来，然后在宋文帝面前复局。宋文帝还曾把褚思庄与王抗召进宫，让他们二人对局，他在一边观战。谁知，二人从早晨到傍晚只下了一局棋，宋文帝看累了，就让他俩另外找地方继续下。他俩一直下到五更天才决出胜负。下完棋，王抗就在棋局旁边睡着了，而褚思庄一直到天亮都没有睡，始终在思考下过的棋。当时有人说："褚思庄之所以能达到高品级，是因为他能深入思考，这一点别人是比不上的。"

南齐永明年间（483—493），齐武帝又命王抗评定棋手的品级，竟陵王萧子良派萧惠基具体负责品棋事宜。

这则故事出自《南齐书·萧惠基传》。它告诉我们，棋手即使先天条件不是很好，只要肯努力钻研，也能下出高水平的棋来。王抗品棋，是中国历史上第一次有记载的由官方出面为围棋手评定品级的活动，是后世实行的"段位"制度的起源。

九、齐高悔棋

萧道成（427—482）是南朝齐国的开国皇帝，史称齐高帝。他年轻时性格深沉，宽宏大量，喜怒不形于色。他很博学，善于写文章，草书和隶书都写得很好，围棋被列在第二品。他常跟直阁将军周复一起下围棋，连着下好多局也不知道疲倦。有时，他想悔棋，周复就按住他的手，不许他悔棋，他也不发怒。

这则故事出自《南史·齐高帝纪》。齐高帝下棋时喜欢悔棋，这对于下棋人来说，是个很不好的毛病。他应该知道这一点，臣下不许他悔棋，他只好作罢。

十、梁武品棋

据《南史·柳元景传》记载：柳恽，字文畅，为人正派朴实，虚心好学，善于下围棋。他历任吴兴太守、散骑常侍、左民尚书、仁武将军、广州刺史、左军将军等职。南朝梁武帝萧衍在位期间（502—549）喜欢下围棋，命柳恽"品定棋谱"，即：根据棋手下棋后记下的棋谱评定品级。经过柳恽评定，当时有278人有资格被列入品级，分别被评为一品至九品。为此，柳恽写出《棋品》三卷，他本人被列为第二品。

这是继南齐永明年间王抗品棋后第二次由官方组织的评定棋手品级的活动，时间是公元502年至公元519年，反映了当时围棋普及和提高的盛况。

梁武帝萧衍很有才华。据《南史·梁武帝纪》记载：他精通当时流行的各种技艺，其中包括围棋，而且他的围棋水平被誉为"棋登逸品"。就是说，他的围棋达到了超品级水平。当时品棋，根据棋艺高下分为一品至九品，与官阶相仿，一品为最高。梁武帝为"逸品"，这是一般人得不到的称号。因为这次品棋是梁武帝下令举办的，臣下就给他加了这么个荣誉称号，不代表他的实际水平，就和现在的荣誉几段一样。但不管怎么说，梁武帝的围棋确实下得不错，据说实际上属于二品。

据《隋书·经籍志》《旧唐书·经籍志》记载：梁武帝写过不少有关围棋的作品，但大多散佚了，只有《围棋赋》流传了下来。

南朝人沈约在《俗说》中讲了一则故事：

南朝梁有一位高僧，人们都称他为磕头师。梁武帝笃信佛教，很敬重这位高僧。有一次，他派宫里的内侍去请这位高僧。高僧被领来后，在宫外等候，使者进去报告。梁武帝当时正在和别人下棋，杀得难分难解，没听见使者的话。梁武帝正打算吃对方的子，叫了一声"杀！"使者误以为梁武帝要杀高僧，立即把高僧杀了。梁武帝下完棋，让使者把高僧请来。使者说："刚才陛下命令杀死他，现在已执行完毕。"据说，这位高僧在临刑前毫无怨言，只说："我没有罪，我前生是一个小和尚，锄地时误杀了一条蚯蚓，皇上前生就是那条蚯蚓，如今这是报应。"

这当然是一个传说，宣扬的是轮回转世和因果报应的迷信思想。但这则故事说明梁武帝是个围棋迷。同时，这则故事也告诉我们，下棋入迷有时也会误事，甚至会耽误人命关天的大事。

十一、到溉输石

据《南史·到彦之传》记载：到溉，字茂溉，彭城（今江苏徐州）人。他自幼家贫，但聪敏好学，青年时期才华横溢。再加上他人长得高大魁梧，外表英俊，举止文雅，性情温厚，很受人们尊重。他后来做了官，又很受梁武帝赏识。梁武帝和他下围棋，经常从晚上下到天亮。到溉的住宅靠近淮水，屋前有假山和水池，池中有奇石高一丈六尺，人称"到公石"。有一次，梁武帝和他下棋，以池中的奇石和一部《礼记》来赌输赢。到溉的棋艺属于第六品，当然下不过号称"逸品"的梁武帝，就把奇石输掉了。当他还没来得及把奇石送到梁武帝那里的时候，武帝当着到溉的面问朱异："你说到溉会把他输的东西送来吗？"到溉当即严肃地说："臣下我既然侍奉皇上，怎么敢失礼呢？"梁武帝听了大笑起来。可见，他们关系亲密。到溉后来果然把那块奇石移送到梁武帝的华林园里。运送石头那天，都城里的人倾城而出，来看热闹。到溉的棋艺不算太好，但记忆力很好，他时常奉旨与朱异、韦黯等人在武帝跟前下棋，每次复局都一子不差。

十二、朱异不廉

据《梁书·朱异传》记载：朱异，字彦和，吴郡钱塘（今浙江杭州）人。他博学多才，除精通正统的儒家经典外，文史方面的书也读得很多，并且兼通各种技艺，围棋、书画、算术等都是他擅长的。他的棋艺被认为属于"上品"（九品中的前三品）。他20岁那年，见到了当时的尚书令沈约。通过面试，沈约发现朱异的才能非常全面，就开玩笑说："你年纪很轻，为什么这样不廉洁呢？"朱异想了半天，不知道自己怎么就不廉洁了。沈约说："天下只有文章、围棋和书法这几样好东西，你把它们一下子都占有了，这不是不廉洁吗？"

十三、神童善弈

据《南史·陆慧晓传》：陆云公，字子龙，吴郡人。陆云公5岁读《论语》《诗经》，9岁读《汉书》，大体上都能记下来。长大以后，他好学而有才思，善于下围棋。

陆云公的儿子陆琼，字伯玉，年幼时很聪明，思路很清晰。陆琼6岁便能作五言诗，而且写得相当精彩。大同末年（545），梁武帝又一次举行品棋活动。这次活动叫作"校定棋品"，是对以往的品级作审核处理。陆云公受诏参加校定工作，到溉、朱异等很多人聚集在一起做这件事。那一年，陆琼才8岁，他能在众多棋手面前复局，表现了极强的记忆力。为此，京城里的人都认为他是"神童"。

据《陈书·司马申传》记载：司马申，字季和，河内温（今河南温县）人。他年少时就很有见识。14岁那年，他围棋已经下得很好了。有一次，他随父亲司马玄通去拜见吏部尚书到溉。当时，梁州刺史阴子春、领军朱异也在场。阴子春早就听说司马申会下围棋，当即拉着他下起棋来。下棋时，司马申经常能走出一些妙着来。朱异属于高品级的棋手，在一旁观看，觉得司马申是个了不起的人才，后来经常拉着司马申和他对弈。

十四、烂柯奇缘

南朝任昉所著《述异记》和北魏郦道元所著《水经注》中都记有

这样一则故事：

晋朝有一个名叫王质的打柴人。有一天，他到信安郡石室山（今浙江衢县南）打柴，看见两个童子在下围棋。童子给王质一种像枣一样的东西吃，王质吃下去就不觉得饥饿了。王质把砍柴的斧子放在一边，看两个童子下棋。一局棋还没有下完，童子指着斧子对王质说："瞧，你的斧子柄已经烂了。"等到王质回到家乡的时候，他已经100岁了，和他同时代的人都已不在世上了。

俗话说："山中方七日，世上已千年。"这则"烂柯"的故事可以作为这句俗语的注脚。这是一则神话故事，那两个童子显然是"仙人"，下围棋更使他们增添了几分超然物外的神秘色彩。"烂柯"一词不仅成为围棋的一个指代，也成为一个典故，用于比喻世事的巨大变迁。

任昉的《述异记》中还讲了一则离奇的故事：

刘宋人朱道珍和刘廓是一对十分要好的棋友。他俩只要下起棋来，就不分白天黑夜地对坐在棋盘两边，甚至中途也不休息。后来，朱道珍于刘宋永徽三年（475）六月二十六日去世。到了九月，刘廓坐在家中，忽然有人给他送来一封信，说是朱道珍给他寄来的。刘廓打开一看，果然是朱道珍的亲笔信。信的内容大意是："非常怀念在一起下围棋的美好日子，没想到会离别这么久。幸好我们还有缘分，很快就要见面了……"刘廓刚看完，信就突然不见了。没过几天，刘廓也病逝了。

这两则故事都属于鲁迅在《中国小说史略》中所说的"志怪小说"。

隋　唐

第六章

经过魏晋南北朝长达近370年的大分裂之后，隋文帝杨坚（541—604）于公元589年重新统一了中国。隋朝只经历了短短38年，二世而亡。其间，关于围棋的记载寥寥无几。

经过隋末的大动荡之后，唐高祖李渊（566—635）于公元618年建立唐朝。存续时间长达290年的唐代出现过"贞观之治"和"开元盛世"，是中国古代继汉代之后第二个强盛时期。与之相应的是，中国围棋也迎来了一个新的发展时期。

唐代帝王，如唐高祖李渊、唐太宗李世民（599—649）、唐玄宗李隆基（685—762）等，都是围棋爱好者。唐代也一改旧制，设立了"棋待诏""棋博士"等官职。棋待诏是随时等待召唤、专门陪皇帝下棋的官员，棋博士是宫内教授内廷人员下棋的官员。唐代著名的棋待诏有王积薪、王叔文、顾师言、滑能等。这一制度的建立，使围棋国手有了一定的政治地位和经济保障，对他们提高棋艺、著书立说有一定好处，而围棋品级制度的取消也在很大程度上限制了国家整体围棋水平的提高，使围棋蜕变为纯粹的娱乐活动，而非竞技活动。

唐代时期，民间下围棋十分普及，许多文人学士都会下围棋。著名大诗人杜甫（712—770）、刘禹锡（772—842）、白居易（772—846），以及民间诗人王梵志（590?—660）等，都是围棋爱好者。

唐代诗歌在中国文学史上形成了独一无二的高峰，可以说前无古人，后无来者。而关于围棋的诗歌也非常多，为我们提供了研究围棋的客观史料。同样，唐代小说空前发达，被称为"唐传奇"，其中就有不少关于围棋或涉及围棋的故事，有的则成为围棋典故，传诸后世。

唐代围棋用于对外交流活动。根据史书记载，中国的围棋大约在南北朝时期就传入朝鲜半岛，《北史》《隋书》都有关于朝鲜流行围棋的记载。后来，围棋又从朝鲜半岛传到了日本。因此，自南北朝以来，围棋在海外得到迅速发展。公元738年，唐玄宗派特使前往新罗。当时朝鲜盛行围棋，唐玄宗就任命围棋手杨季鹰作为特使副手一同前往。杨季鹰显然棋高一着，新罗没有人能战胜他。新罗围棋高手朴球曾在唐朝晚期担任棋待诏。日本王子也曾来唐和棋待诏顾师言对弈。这些都是棋史佳话。

一、皇甫自责

据《隋书·皇甫绩传》记载：皇甫绩三岁那年就成为孤儿，由外祖父家养大。年少时，他曾和外祖父那边的表兄下围棋。外祖父因为他们荒废了学业，严厉地教训了他的表兄；但外祖父可怜皇甫绩自幼没有父母，就没有责罚他。皇甫绩叹气说："我没有严父的教导而寄养在外祖父家，如果不自己严格要求自己，将来怎么能长大成才呢？"他深感内疚，便让左右的人用棍子打他30下。外祖父听到这个消息，心疼得流下了眼泪。从此以后，皇甫绩专心学习，读了好多书。

这则故事里的主人公皇甫绩算是隋朝人，在隋朝建立之初就当上了苏州刺史。但他的少年时代是在南北朝时期度过的，围棋也是在那个时期下的。这至少说明，隋代是从南北朝延续下来的，隋代也有不少人会下围棋。

二、李渊反隋

根据《旧唐书·裴寂传》记载：唐朝开国皇帝李渊是会下围棋的。早在隋代末年，李渊镇守太原时就曾与一名名叫裴寂（573—629）的隋朝官员十分友好。他们经常在一起下围棋，而且"通宵连日、情忘厌倦"地下。

由于隋炀帝荒淫无能，隋末农民起义风起云涌，隋朝的统治摇摇欲坠。当时，李世民已经看准了形势，非常希望他的父亲立即起兵反隋。但是，李渊始终犹犹豫豫，拿不定主意。在紧急关头，李世民也劝不动父亲。于是，他想让父亲的好朋友裴寂劝说父亲下决心起义。但怎样才能很自然地接近裴寂呢？他想出了一个好主意。既然裴寂喜欢下围棋，何不通过下围棋来接近他呢？当时，李世民围棋下得不好，他就花钱雇了一名围棋高手去和裴寂下棋。这样，李世民就和裴寂拉上了关系，成功说服了裴寂。

裴寂也是一名有眼光的政治家。他觉得起义的时机已经成熟，就劝说李渊起来造反。裴寂的劝说果然奏效，李渊终于下定了决心。当时，裴寂是晋阳宫的副监，虽然没有兵权，但他手握大量物资。他拿出晋阳宫的900万斛米、5万段杂采和40万套铠甲来支持李渊的军队。得到这样有力的支持，李渊的队伍长驱直入，很快就攻下了长安城。进城以后，又是裴寂积极支持李渊称帝。就这样，大唐王朝诞生了。谁会想到，这样一个伟大王朝的诞生居然和当初李渊、裴寂下围棋有一定的关系呢。

三、观棋相面

据杜光庭的《虬髯客传》记载：隋炀帝杨广（569—618）到江都（今江苏扬州）去了，命令司空杨素（？—606）留守西京（今西安市）。杨素骄横，再加上当时形势很乱，他以为天下有权势、有威望的人谁都不如他。他生活非常奢侈，待人接物的礼节也像皇帝一样。有大臣或宾客来见他时，他每次都很傲慢地坐在床上接见。有一天，李靖（571—649）以普通老百姓的身份去拜见杨素，向他献计策。杨素仍然傲慢地踞坐在床上接见他。李靖说："现在天下大乱，英雄人物纷纷起来造反。您作为朝廷重要大臣，应当用心去收罗人才，而不应当这样接见客人。"杨素很严肃地站起来，向李靖表示歉意。李靖说了他的计策，杨素很高兴地采纳了。

在李靖滔滔不绝地向杨素讲述计策时，有一位美女手里拿着红色的拂尘站在杨素身边。她的眼睛一直看着李靖。李靖走出去时，红拂女就叫一个官吏追上李靖，问他姓名、住址。李靖如实说了。李靖回到旅舍的当晚，五更天时忽然听到轻轻的敲门声。李靖起身开门，见是一个戴着帽子、身穿紫色衣服的人，肩上还扛着棍子，棍子上挑着一个包袱。李靖问此人是谁？这人回答说："我就是杨素家的那个红拂女。"李靖立即请那人进屋。那人进屋后脱下外衣，摘下帽子，果然是一位十八九岁的美丽女子。女子说："我侍奉杨素很久了，看到了天下的许多人，但没有像你这样的。我好比丝萝（爬蔓植物名）愿意攀附在大树上，所以才来投奔你。"李靖说："在京城里，杨素权力极大，他要追查怎么办？"女子说："他虽然活着，但朝不保夕，没什么可怕的。许多侍女都了解这一点，逃跑的很多。他也不大卖力追捕。我已经想好了。你不必担心。"李靖观察了她的气质、相貌、言谈和举止，觉得她就像天仙一样美丽。过了些日子，红拂女就穿上男人的衣服，骑着马，和李靖一起回太原了。

他们走到山西灵石这个地方时，停下来找到一家客栈歇脚。红拂女正站在床前梳头，头发一直拖到地上，李靖正在刷马，忽见一个中等身材、满脸红胡子的人，骑着毛驴来了。那人来到李靖住的屋子里，把一个皮口袋扔到炉子前面，拿过一个枕头，斜倚在床上看红拂女梳头。李靖很生气，但没有发作，继续刷马。红拂女一手握着头发，一手在身后暗示李靖不要发火。红拂女很快就把头梳完，问大胡子姓什么。那人说姓张。红拂女说："我也姓张，应当是你的妹妹了。"她说着就行了礼，问那人排行，那人说："第三。"红拂女说她是老大。那人高兴地说："原来是大妹，今天很荣幸得到了一个妹妹。"红拂女招呼李靖说："李郎，快来见三哥。"李靖立即来拜见那人。三人坐下后，大胡子张三说："炉子上煮的是什么？"李靖说："羊肉。大概已经熟了。"张三说："我饿了。"李靖就出去到市上买了烧饼。张三抽出腰间的匕首，切了肉就着烧饼吃。吃完，他又把剩下的肉拿去喂驴，动作十分敏捷。张三说："看李郎这个样子，像个穷苦人，怎么能得到这样的美妻呢？"李靖说："我虽然贫穷，但我有远大的抱负。如果别人问我这话，我是不会告诉他的。既然张三哥问起，我就不隐瞒了。"李靖就把事情的经过说了。张三问："那么，现在你们要到哪里去？"李靖说："想到太原去避避难。"张三想喝酒，李靖又去打来一斗酒。张三说："我有下酒的东西。"说着，他打开皮口袋，拿出一个人头和一副心肝，又把人头放进口袋，切了心肝下酒，说："这个人是天下最背信弃义的人，10年来我一直恨他，今天才抓到他，解了我的心头之恨。"他又说："我看李郎相貌不凡，是个真正的男子汉。你到太原去，是听说那里有什么了不起的人物吗？"李靖说："我曾经认识一个人，我觉得他是当皇帝的人才，其他人最多都是当将帅的材料。"张三又问："这个人姓什么？多大年纪？是干什么的？"李靖说："那个人姓李，20岁，是太原留守李渊的儿子。"张三说："看来这个人像个当皇帝的人才。我也应当见见，你能介绍我们认识吗？"李靖说："我的朋友刘文静和这个人关系很密切，我们可以通过他去见。"张三说："算命的人说，太原上空有一股神异的云气，让我来查访一下。"他们约定了见面的时间、地点，张三就骑上驴，飞也似的走了。

李靖到了太原，果然见到了张三。他们一起去见刘文静。李靖告诉刘文静："这个人善于相面，想见李世民。请你把他找来。"刘文静把李世民找来。李世民果然仪表非凡，张三一见，心灰意冷（*张三原来也想争夺天下*）。他告诉李靖："看来这个人是真正的天子了。不过，还得请我的道兄来看看。"两个人相约在某一天再次见面。

过了几天，张三带着道士来见李靖，李靖把道士介绍给刘文静。刘文静和道士下围棋，同时派人飞速去找李世民来观棋。李世民来了，神采奕奕，光彩照人。道士一见，心里也凉了（*他原想帮助张三争夺天下*）。他一语双关地说："完了，这局棋输了。这局棋从这一步开始就输定了，再也没有补救的办法了。还有什么好说的！"下完棋，大家来到外面，道士对张三说："这里的天下不属于你。你到别的地方去，还可以干出一番事业。好好干吧。别惦记这里了。"张三又同李靖约定了在京城见面的时间和地点。

李靖带着红拂女按约定的时间和地点在京城找到大胡子张三的家。他家外面很平常，但里面十分豪华。这一天，张三穿着十分讲究，气度很不平凡。张三盛情款待了李靖夫妇，并将全部财产转交给李靖，说："这些财产、宝物都是我的，现在都赠送给你。我原想在这片土地争夺天下，希望在二三十年内建功立业。现在看来，这里的天下已经有主人了，这些财产对我就没有用了。太原那个姓李的是真正的天子，三五年内就可以成就帝业。你有才能，可以尽心竭力地辅佐他，将来地位一定很高。只有妹妹才能认准你，也只有你才能使妹妹高贵。从现在起，10年以后，东南方几千里地之外将发生重大事件，那就是我的事业成功了。你可以和妹妹向东南方洒酒祝贺我。"说完，张三又把一家奴仆全都交给了李靖和红拂女，然后同妻子和一名奴仆上路了。

有了大量财产以后，李靖帮助李世民打天下。公元618年，李世民父亲建立唐朝。唐太宗贞观十年（636），李靖当了宰相。这时，南方有少数民族前来报告皇上："有海船数千艘，十万大军，攻入扶余国，杀了国王，又立了新王，现在已经平定全国。"李靖听了，知道这是大胡子张三的事业成功了。他回家把这件事告诉了红拂女，两个人便面向东南，洒酒拜贺。

这是一则与围棋有关的传奇故事。故事中的李靖、杨素、李世民和刘文静均确有其人。故事中的李世民会观棋，恐怕也符合历史事实。这则故事和上一则故事一样，都能说明隋朝末年下围棋的人不在少数。

四、太宗咏棋

前面一则故事说李世民会观棋。如果他真能看懂，就一定会下棋，只是水平不一定高。李世民当皇帝之后，曾经写过两首关于围棋的诗。

现照录第一首诗于下：

五言咏棋（其一）

手谈标昔美，坐隐逸前良。

参差分两势，玄素引双行。

舍生非假命，带死不关伤。

方知仙岭侧，烂斧几寒芳。

试以白话翻译如下：

　　把围棋叫作"手谈"，显示出古人优雅；把围棋叫作"坐隐"，那是前贤俊逸。错落有致，分为两方棋势；黑白分明，展开两排棋行。舍弃子，并非真的靠性命换取胜利；子被杀，也不是真的有什么伤害。下了棋才知道，原来在仙人岭旁边，斧子柄都烂了，仙人们度过了多少快乐时光。

现照录第二首诗于下：

五言咏棋（其二）

治兵期制胜，裂地不邀勋。

半死围中断，全生节外分。

雁行非假翼，阵气本无云。

玩此孙吴意，怡情静素氛。

白话翻译如下：

　　下棋如用兵打仗，是为了克敌制胜；占领地盘，不是为了建立功勋。被对手断开围住，棋就会半死不活；要想保全性命，就需要节外生枝的战斗。棋形如雁行排列，但不是真的靠翅膀；枰上杀气腾腾，并非真的战场。从围棋中体会兵家（孙子、吴起分别为春秋时期和战国时期的军事家）的思想，能起到怡悦性情、肃清俗气的作用。

这是两首五言律诗。在这两首诗中，唐太宗对围棋典故的运用，对棋理的理解，对围棋功能的肯定，都表现出他对围棋的喜好。他是站在帝王的高度俯视围棋的，把围棋看作一种有益的娱乐，其中的死活胜负，在他看来都不是真实的，不必过于计较，而应该享受其中的乐趣。可以说，唐太宗的这一思想对后世围棋的发展留下了十分深远的影响。

唐太宗不仅自己赋诗咏棋，还让臣子"奉和"。我们这里不妨也照录两首。

我们先看一下许敬宗所作两首《五言奉和咏棋应诏》的其中之一：

拂局初料敌，阴谋比用师。
观形已决胜，怯下复徐思。
转战频相劫，图全且自持。
宸襟协尧智，游艺发如丝。

接着，再看刘子翼所作两首《五言奉和咏棋应诏》的其中之一：

锐心争决胜，运功何图全。

眼均须执后，气等欲乘仙。

引行遥下雁，徇地远侵边。

借问逢仙日，何如遇圣年？

看完这两首奉和诗，还别说，真的比不上唐太宗的诗。唐太宗的诗写得大气而超然，臣下应诏奉和，难免拘谨和奉承。

五、弈赚兰亭

据张彦远《书法要录》记载：《兰亭序》是晋代大书法家王羲之的得意之作，他也十分珍重地保存下这份墨宝。王羲之死后，《兰亭序》传到他的子孙手中。历经南朝、隋朝的书法家智永和尚是王羲之的第七代孙，他从上一辈人手中接过了《兰亭序》。他出家当了和尚，被称为"永禅师"。他继承祖上的传统技艺，刻苦练习书法。他常住在上阴（今浙江绍兴）永欣寺，登门求他写字的人非常多，踏破了门槛，他不得不用铁皮包住门槛，人称"铁门限"。他把写坏的笔全部扔在大竹筐里，一共有五大竹筐，埋起来像一座坟墓，被称为"退笔冢"。他用30年时间临摹了正楷和草书的《千字文》800余本，分送给浙东各座寺庙。智永活了将近百岁。他把遗留下来的墨宝和《兰亭序》都交给了弟子辨才。

辨才很博学，琴棋书画无一不通。他临摹智永的书帖，简直和真迹一模一样。他比师父更加珍爱《兰亭序》，特地在他所住的寮房上木梁凿了一个洞，秘密存放《兰亭序》。

唐太宗李世民在位期间对书法非常感兴趣。他尤其喜欢王羲之的书法，只要能得到的，他都想办法找到了，唯独《兰亭序》没有找到。经过调查，李世民得知《兰亭序》在辨才那里。于是，李世民就降旨请辨才进京。辨才来京后，李世民安排他居住在内道场，好生供养。过了一些日子，唐太宗才提及《兰亭序》。但不管怎么说，辨才就是不肯交出《兰亭序》。

唐太宗没有办法，只好召集一些大臣，说："你们设法找一个有计谋的人，替我智取《兰亭序》。"尚书右仆射房玄龄说："我听说监察御史萧翼这个人很有才干，精通技艺，而且有计谋，让他承担这个任务，一定能圆满完成。"于是，唐太宗就召见萧翼。萧翼对唐太宗说："如果让我以官方使者的身份去索取《兰亭序》，肯定是得不到的，请让我私下里秘密去那里。不过，我需要带几幅王羲之父子的字帖去。"唐太宗同意他这么做，并赐给他几幅王羲之父子的字帖。

萧翼乔装打扮成普通人，先到湘潭，又乘商人的船到了越州。这时，他换上又宽又长的黄衫，打扮成山东书生的模样，傍晚时分进了永欣寺。他先沿着游廊边走边看壁画，然后走到辨才住的院子。见到辨才，他先是问候辨才，接着他们就闲谈起来。没和萧翼谈上几句，辨才便觉得他们二人很投机。于是，辨才把萧翼请到屋子里，和他一起下围棋、弹琴、投壶、谈古论今。因为他们两个人聊得很融洽，萧翼在那里待了一个通宵，第二天才离开。就这样过了好些日子，他们的话题慢慢地转到书法上来了。萧翼说："我的祖辈传下一些王羲之父子的楷书，我也自幼就喜爱二王的书法，对他们的真迹百看不厌，现在还有几幅带在我身边。"辨才很高兴，便说："明天再来，你可以拿到这儿来给我看看。"第二天，萧翼按照事先约定的时间再次来到了永欣寺，他把带来的字帖拿出来给辨才看。辨才仔细地看过之后，说："这字帖倒是二王的真迹，但这并不是最好的。贫僧这里有一幅王羲之的真迹，这才是非同寻常的珍品。"萧翼问："那是什么字帖呢？"辨才说："《兰亭序》。"萧翼听罢，故意笑着说："这么多年，兵荒马乱的，哪里还能有什么《兰亭序》真迹流传在世上？那一定是假的。"辨才说："智永禅师在世时一直珍藏着它，直到他去世前才亲手交给我保存。一代一代传下来，一点儿差错都没有，怎么会是假的呢？不信你明天可以来看。"

第二天，萧翼来了，辨才亲自把藏在屋梁上的《兰亭序》取了下来。萧翼看过之后，故意在上面挑毛病，说："依我看，这果然是假的。"两个人争论了半天，谁也说服不了谁。但从此以后，辨才不再把《兰亭序》藏到屋梁上了，而是把它同萧翼的几幅帖子一起放在桌子上。同时，萧翼到庙里来得更频繁了，庙里的人对他也不加以怀疑。后来有一天，辨才到一个名叫严迁的人家里去用斋。萧翼趁机来到庙里。他走到辨才的屋前，对看门的童子说："我把一个丝绸手帕落在屋里的座位上了。"童子就为萧翼打开了房门。于是，萧翼从桌子上拿走了《兰亭序》和另外几份二王的书帖。接着，他直奔驿站，告诉驿长说："我是御史萧翼，奉皇上的命令来到这里，这里有皇上的亲笔命令。快去报告你们都督齐善行。"

齐善行遵照萧翼的命令，立即派人去找辨才。辨才正在严迁家用斋，还没回到寺里。等到辨才回来见御史时，他才知道这位御史就是经常到他庙里来的书生。萧翼说："我是奉皇上的命令来取《兰亭序》的，现在《兰亭序》已经拿到了，所以要请师父来告别。"听到这话，辨才当即晕倒了，半天才苏醒过来。

这是一则传奇故事，有很多演绎的成分。在这则故事里，萧翼是官员，辨才是僧人，二人都是围棋爱好者。这说明当时围棋在这两类人中很流行。

六、与囚对弈

据《旧唐书·张蕴古传》记载：张蕴古，相州洹水（今河南安阳附近）人，聪明博学而善于写文章，有"背碑复局"之能。也就是说，张蕴古会下围棋，而且记忆力很强。

另据《旧唐书·刑法志》记载：河内（今河南沁阳）人李好德有疯癫症，说了一些犯上作乱的话，唐太宗李世民下诏书调查这件事。张蕴古当时的职务是大理丞，负责处理法律事务。他对唐太宗说："李好德有疯病，这是有证据证明的，不应当受到法律制裁。"治书侍御史权万纪就这件事在唐太宗面前告了张蕴古一状，他说："张蕴古是相州人，而李好德的哥哥李厚德又是相州刺史，张蕴古有意包庇李好德，他所奏的事不符合事实。"唐太宗一听，觉得有道理，说："有一次，我把犯人关进监狱，张蕴古曾经同犯人下围棋。如今他又包庇和纵容李好德，这是破坏我的法律。"于是，唐太宗就下令把张蕴古斩于长安东市，但不久他又后悔了。

张蕴古棋瘾很大，否则他不会违反法令而同犯人下棋。结果，这一嗜好成为他身死的原因之一。

七、王绩棋诗

王绩（585—644）是隋唐时期的文学家，自号"东皋子"，有后人所辑《东皋子集》传世。他做过官，但官位不大，并很快就辞官归隐。他对围棋有偏好，作有长诗《围棋》：

饱食端居暇，披襟弈思专。

雕盘蜃胫饰，帖局象牙缘。

袭地四维举，分麾两阵前。

攒眉思上策，屈指计中权。

劲卒衡国度，奇军略地旋。

鱼鳞张九拒，鹤翅拥三边。

逐征何待应，争锋岂厌先。

双关防易断，只眼畏难全。

将骄多受辱，敌耻屡摧坚。

骤睇成为败，频看绝更连。

许知愁越复，恤弱贵邢迁。

诽俗韦弘嗣，邀名葛稚川。

分阴虽可重，小道讵宜捐？

相公摧展日，樵客烂柯年。

唐尧犹不弃，孔父尚称贤。

博术存书录，壶酒著礼篇。

寄言陆士衡，无嗤王仲宣。

在这首诗里，王绩不仅写了下围棋的具体情景，包括棋局上的变化和下棋者的心态，还通过运用大量典故，发表了自己对围棋的看法，反对历史上一些人对围棋的否定。

八·明皇好弈

从唐太宗驾崩到唐明皇（唐玄宗）李隆基登基之前，中间在位时间较长的有唐高宗李治（649—683年在位）、武则天（690—705年在位）和唐中宗李显（683—684年和705—710年在位）。我们很难从文献中看到这三位皇帝在围棋方面有什么表现，但能看到他们统治期间有些文人会下围棋。例如：诗人王勃（650—676）在唐高宗时期做过官。冯贽的《云仙散录》说，王勃下棋时，能够每下4个子就成诗一首。《云仙散录》记事以荒唐著称，但此事不一定荒唐。以王勃的才学，他完全可以做到，因为当时下子不受时间限制。再如：诗人杜审言（645—708）在唐中宗时期做过官，写过关于围棋的诗。卢藏用（？—713）在武则天时期做过官，更是棋艺不凡。《旧唐书·卢藏用传》说，卢藏用"工篆隶，好琴棋，当时称为多能之士"。

到了唐明皇这里，情况就大不相同了。明皇本人风流倜傥，爱好下围棋，带动了臣下下围棋，乃至全国下围棋的风气。所以，文献中不仅有不少唐明皇与围棋相关的故事，还有不少当时其他人下围棋的逸闻趣事。

据托名陶谷的《清异录》说，唐明皇曾与宁王李宪下棋。而五代时期的王仁裕的《开元天宝遗事》说，唐明皇曾和某位亲王下棋。《酉阳杂俎》中也写到，唐玄宗李隆基曾在某年夏天和一位亲王下围棋，贵妃杨玉环站在一边观棋。她见唐玄宗要输棋了，就把康国（今中亚撒马尔罕）进贡的小狮子狗抱来放在座位边上，故意让狗跑到棋盘上。棋盘上的棋子被狗踩乱了，二人就分不出胜负了。唐玄宗为此十分高兴。

杨贵妃能够看出棋的输赢，说明她也会下围棋，而且很可能棋艺不低。

九、神童李泌

据唐人李复言的《李邺侯外传》记载：开元十六年（728），唐玄宗李隆基在御楼设宴，晚上又在楼下召集天下佛教、道教、儒教三家的名人举行辩论大会。李泌姑姑的孩子当时9岁，哭着要求他母亲为他穿上儒生的衣服前去参加辩论。这孩子名叫员俶（tì）。他真的参加了辩论，而且善于雄辩，言辞锋利，参加辩论的人都被他击败了。唐玄宗觉得这个小家伙是个奇才，就把他叫到楼里，问他姓甚名谁，他一一回答。唐玄宗一听，说："原来是员半千的孙子，那就没有什么好奇怪的了。"因为员半千曾经官拜光禄大夫，幼年时便能讲解《易经》和《老子》，唐玄宗才说了这句话。唐玄宗又问："还有像你这样的奇童吗？"员俶回答说："有。我舅舅的儿子李泌今年7岁，聪明伶俐，能赋诗作文。"唐玄宗问明了李泌家的地址，命令太监偷偷地在李泌家门口等候，遇到时机就把李泌抱来，但不许让李泌家的人知道。

太监把李泌抱来的时候，唐玄宗正和燕国公张说（667—730）看下围棋，员俶也在玄宗身边。唐玄宗看见李泌，对张说说："后来的这个孩子在相貌和气度上与刚才那个孩子大不相同，真是国家的人才啊！"张说也深表赞同。于是，唐玄宗命令张说出题，让李泌作诗，想试试李泌的才能。张说刚刚在看围棋，就想起了一个题目，让李泌就"方圆动静"四个字作一首诗。李泌要求张说提示一下，张说就示范说："方如棋盘，圆如棋子。动如棋生，静如棋死。"张说怕李泌不明白，进一步告诉他："只能按照这个意思去发挥，不能就围棋说围棋。"李泌说："可以随意发挥，那就太容易了。"听了这话，唐玄宗笑着说："这孩子人不大，精神倒很大。"于是，李泌作诗云："方如行义，圆如用智。动如逞才，静如遂意。"张说听了很满意，就向唐玄宗祝贺说："这孩子赋的诗真是陛下圣明时代的吉祥征兆啊！"唐玄宗非常高兴，把李泌抱在怀里，抚摸着他的头，又命令太监拿水果和点心给李泌吃。后来，唐玄宗又给了李泌一些赏赐，并对李泌家里的人说："这孩子年龄太小，不能封他为官，封了官反倒对他不利。你们要好好地抚养和教育他，这是国家的人才。"从此，李泌名声远扬。

就是这个李泌（722—789），长大后就当了官，历经几起几落，唐德宗时期（779—805）成为宰相。

十、仙姑授艺

"安史之乱"爆发后，唐玄宗李隆基曾逃亡到蜀地避难，朝廷的许多官员都跟随他一起逃难，其中就有围棋国手王积薪。蜀地的道路十分艰险，唐玄宗一行人所到之处，好房屋往往被那些有钱有势的大官占据了，王积薪这样的小官是住不上好房子的。有一天，王积薪连住的地方都没有了。他只好沿着山中的溪水往山里找住处，走了好远也看不到一户人家。最后，他找到一个老妇人的家，想在那里住宿。老妇人家里只有她和儿媳妇两个人，她们只供给王积薪水和火，不让他住进房屋。天刚黑的时候，老妇人就和儿媳妇就关上门窗休息了。王积薪无奈，只好在屋檐底下对付着过夜。他一直到深夜仍不能入睡。这时，他忽然听到了屋子里婆媳二人的说话声。老婆婆说："在这个美好的夜晚，我们没有什么好娱乐的。这样吧，我和你下盘棋玩玩，好吗？"儿媳妇说："好。"王积薪听了，心中暗暗称奇：夜这么深了，屋子里也没有点灯，而且老婆婆住在东屋，儿媳妇住在西屋，她们俩怎么下棋呢？王积薪出于好奇，就静静地听这二人的话。一会儿，只听见儿媳妇说："我在东五路、南九路的地方下子了。"老婆婆说："我在东五路、南十二路的地方下子了。"儿媳妇又说："我在西八路、南十路的地方下子了。"老婆婆说："我在西九路、南十路的地方下子了。"她们每下一子都要考虑好长时间。快到五更天了，婆媳二人总共才下了36着棋。王积薪一点儿睡意都没有了，暗暗地把这36着棋全都记了下来。这时，忽听老婆婆说："你已经输了。我只不过赢了你九目子。"儿媳妇也心甘情愿地表示认输。天大亮以后，王积薪整理好衣服帽子，恭恭敬敬地向老妇人和她的儿媳妇请教围棋。老妇人说："好吧，我就陪你下一局。你可以根据自己的想法摆上棋局下子了。"王积薪立即从行囊中拿出棋局棋子放好，用尽平生的本领下了起来。可是，刚刚下了十来个子，老婆婆就回过头对儿媳妇说："你可以教给这个人一些普通的着式。"于是，儿媳妇开始教王积薪，教给他一些攻守、杀夺、救应和防拒的办法，讲得十分简略，而且只教了几着就不再教了。王积薪很诚恳地要求她们再多给他讲一点儿，老妇人笑了笑说："你学了这些就足够了，已经可以无敌于人世了。"王积薪十分虔诚地向老妇人拜谢并告辞离去。当他刚走出十几步远时，他回头再看，原先的房屋已经不见了。从此，王积薪的棋艺大进，天下再也没有他的对手了。后来，王积薪回到唐玄宗处，按照自己所记下的着式重新摆老妇人和儿媳妇下的那局棋，他用尽心思却怎么也想不出这局棋老人怎么会赢九目。王积薪把这局棋的着式称为"邓艾开蜀势"。邓艾是三国时期魏国的大将，他率兵从阳平地方偷袭，出其不意地攻破了蜀国。据说，"邓艾开蜀势"这一局棋一直流传至今，始终没有人能够得知其中的奥秘。

这则故事出自唐代薛用弱的《集异集》，同时代的冯翊的《桂苑丛谈》等书也有记载。它说明了这样的一个道理：王积薪勤奋好学，不管走到哪里，不管遇上男女老幼，只要有机会，他就要下棋，就要向别人虚心求教，因此他能无敌于天下。

十一、一行自悟

唐朝段成式的《酉阳杂俎》载：僧人一行（683—727）本来不会下棋，但他在燕国公张说家里看过国手王积薪下了一局棋以后，他便能同王积薪抗衡了。一行笑着对别人说："下围棋这玩意儿没有别的，只是争取先手而已。如果能念上几遍我编的四句口诀，人人都可以成为国手。"

一行是唐代高僧，俗名张遂，是中国历史上卓有成就的天文学家和数学家。他智商很高是不容置疑的，但说他看过高手的一局棋就立即变成高手，能够同王积薪那样的国手抗衡，恐怕言过其实。我们只能认为，一行聪明过人，围棋学得很快。他认为，围棋最主要的要领是"争先"是有道理的。至于他编的四句口诀是什么，后人则无法考证，至今仍然是个谜。如果真像他说的那样，这个四句口诀能使人人成为国手，那就没有什么国手了。

一行不是棋迷，也不是最先下围棋的僧人。他只是逢场作戏，偶尔玩玩。这只能说明，当时下围棋的风气很盛，是一种高雅娱乐，也是上流社会的社交手段之一。

张说在武则天统治时期即为高官，后辅助李隆基登基，成为宰相，被封为燕国公。为政期间，他进行过兵制改革，有诗文《张燕公集》传世。他还是一名围棋爱好者。国手王积薪在他家下过棋，僧人一行去他家看过棋。看来，张说结交很广，相府经常举行围棋聚会。这在很大程度上起着社会风气的导向作用。

十二、新罗围棋

公元4世纪前后，朝鲜半岛上形成高句丽、百济和新罗三国鼎立的局面。公元660年，新罗在唐朝的帮助下灭掉百济，公元668年又灭掉高句丽。统一后，新罗和唐王朝关系密切，来往频繁。直到公元9世纪中叶，新罗社会繁荣，政治相对稳定。

唐玄宗开元年间（713—741），也是新罗的全盛时期，两国间保持着友好往来。据《旧唐书·新罗传》记载：开元二十五年（737），新罗国王兴光去世，唐玄宗下诏，派遣大臣邢璹（shú）前去吊唁，并册封兴光之子承庆为新罗王。临行前，唐玄宗特地为邢璹举行活动，写了诗序，让太子以下及臣僚写诗送行，以示隆重。唐玄宗还嘱咐邢璹说："新罗一向被称为君子之国，很懂得诗书礼仪，跟中华相似。你有学问修养，善于言谈理论，所以选派你去出使。到了那里，你要阐扬经典，让他们了解大唐儒教的发达。"因为唐玄宗知道很多新罗人都喜欢下围棋，又特地委派善于下围棋的杨季鹰作为副使一同前往。使团到达新罗以后，很受新罗人敬重。当时，新罗棋手虽然很多，但没有能下过杨季鹰的。

100多年后，也就是唐懿宗和唐僖宗在位期间（860—879），有一位来自新罗的棋手名叫朴球，在朝廷担任棋待诏。朴球在唐朝供职多年，不仅陪皇帝和大臣下棋，也结交了不少朋友。他的朋友中有一位诗人名叫张乔，在朴球回国时写了一首五言律诗：《送棋待诏朴球归新罗》。诗中写道：

海东谁敌手，归去道应孤。

阙下传新势，船中复旧图。

穷荒回日月，积水载寰区。

故国多年别，桑田复在无？

这首诗写得一般，但表达了作者对友人恋恋不舍的心情。试译
如下：

在大海的东边，没有谁是你的敌手；

在回国的路上，你会感到孤独。

在皇帝的宫廷里，你传下了新的棋式；

在归国的航船上，你会重演先前的棋谱。

世界上时光流转，岁月变迁；

茫茫的大海，承载着辽阔的大地。

阔别故国多年，家中的桑田还在吗？

诗人为友人设想了回国途中和回国后的情景，也透露出朴球在下
围棋方面的新贡献。

十三、杜甫好弈

唐代诗人中有许多都写过关于围棋的诗，这说明围棋在当时文人
中很普及。在诸多诗人中，大诗人杜甫很突出。他不仅爱好围棋，写

围棋的诗也较多，还写得格外精彩。

前面提过，唐初诗人杜审言是围棋爱好者。杜甫是杜审言的孙子，可能得到家传，又写诗歌又下棋。杜甫写诗青出于蓝，成为中国诗歌史上数一数二的大诗人，享有"诗圣"的称号。

公元758年，杜甫49岁，他写了一首七律——《因许八奉寄江宁旻上人》：

> 不见旻公三十年，封书寄与泪潺湲。
> 旧来好事今能否？老去新诗谁与传？
> 棋局动随寻涧竹，袈裟忆上泛湖船。
> 闻君话我为官在，头白昏昏只醉眠。

从诗中可知，杜甫很怀念30年前在青年时期与僧人旻公一起下棋和优游的日子。

公元760年，杜甫历经4年流离失所的生活，在成都郊外的浣花溪畔搭建草堂。此时，他感受到了安定生活的乐趣，写下名篇《江村》：

> 清江一曲抱村流，长夏江村事事幽。
> 自去自来梁上燕，相亲相近水中鸥。
> 老妻画纸为棋局，稚子敲针作钓钩。
> 但有故人供禄米，微躯此外更何求？

杜甫的妻子出身官宦人家，喜好围棋。此时，夫妻对弈，共享亲情，这是杜甫在江村草堂闲适心情的写照。

公元764年，杜甫写下五律《别房太尉墓》：

他乡复行役，驻马别孤坟。

近泪无干土，低空有断云。

对棋陪谢傅，把剑觅徐君。

唯见林花落，莺啼送客闻。

房琯（697—763）在唐玄宗时期即为高官，肃宗（756—761年在位）时期曾任宰相，于公元673年8月卒于阆州（今四川阆中一带）僧舍，卒后追赠太尉头衔。次年，杜甫行色匆匆，过阆州，下马拜谒房琯墓，回忆当年与房琯对局情景。

此外，杜甫还有几首诗中提到围棋，虽然不乏佳句，但都是讲的别人下棋。

十四、棋人参政

据《旧唐书·王叔文传》《册府元龟》等记载，王叔文（753—806）出身低下，擅长围棋，成为棋待诏。德宗时期，王叔文被派去侍奉太子李诵（761—806）。他常常与太子李诵谈论政事，也为太子出主意，深受太子信任。公元805年，德宗去世，太子即位，改年号为永贞，是为唐顺宗。王叔文也因此权倾朝野。他联合柳宗元、刘禹锡等十余人结成"死交"，实行政治改革，史称"永贞革新"。他们提出一系列政治、经济改革措施，并企图夺取兵权。结果，他得罪了宦官集团和一些大臣。由于唐顺宗根基不稳，为人怯懦，体弱多病，刚登基便被迫禅位。保守派拥戴的宪宗李纯（778—820）即位，王叔文的改革也只维持了146天便夭折了。王叔文等人无一例外地遭到贬斥。次年，王叔文被朝廷诛杀。与之相连带，刘禹锡（772—842）被贬斥为朗州司马，柳宗元（773—819）被贬为永州司马。不过，这在某种程度上成就了他们的文学抱负。

王叔文本是一名专业棋手，一般来说不会涉足政坛，但他有政治见地，长于言论，抱负远大。他由一名棋手一举成为政治旋涡的核心，主持了一次政治变革。可以说，他在中国历史上创造了一项奇迹。但据《太平御览》说，他掌权的时候，取消了翰林院包括围棋待诏在内的32名棋待诏。原因是他本人出身于棋待诏，讨厌这一职务。如果他真的这样做了，那显然出于一种狭隘心态，使中国古代围棋事业遭到了一次打击。

这则故事告诉我们，政治行为和下围棋有共通的道理，没有常胜的政治家，也没有常胜的围棋手；二者都有一定的冒险性和赌博性，成则为王，败则为寇。

十五、枰上人品

《玉泉子》中说：吕元膺（唐宪宗时期的大臣）在东都洛阳做留守官时，经常和一些文人闲士下围棋。当时，有一个棋友住在他府上。有一天，吕元膺和这位棋友下棋时，手下人送来了公文，他拿起笔，一边批阅文件一边下棋。他的棋友以为，吕元膺看公文时一定不会注意棋局，就偷偷地换了一个子。这样一来，局势就变了，吕元膺就输了。其实，吕元膺看见那个棋友换子了，但棋友自以为得计。第二天，吕元膺找了一个别的借口把这位棋友打发走了。当时，人们都不知道吕元膺把那个人打发走的真正原因是什么。10年以后，吕元膺在病危的时候，把儿子和侄子都召集到跟前，告诉他们说："人生在世，交朋友要精心选择。我在东都洛阳当留守时，有一个棋友，下棋时趁我不注意偷换了一个棋子，我找个借口把他打发走了。偷换一个棋子本来不是什么大事，但从这一点上可以看出一个人的心迹。"

吕元膺是个很有心计和涵养的人。他把那个下棋作弊的人打发走了，还不露声色，照顾了那个人的面子。不过，那个人的棋风、棋德的确有问题。一般来说，下棋时悔悔棋，甚至耍耍赖，都是常见的，也是可以容忍的，正规比赛当然除外。而在棋盘上作弊是很容易被发现的，这种低级下作的行为极其罕见。可见，那个人不仅品德低下，目光短浅，而且愚蠢小气，不堪交往。吕元膺从棋盘上看一个人的人品，从而引申出交友之道，是很有道理的。

十六、元白酬唱

唐代文学家有"齐名"之说，如"李杜"说的是李白和杜甫，"韩柳"说的是韩愈和柳宗元，"元白"说的是元稹（779—831）和白居易，等等。"齐名"的说法也影响到围棋界，后世围棋界也常有齐名之说，这是后话。

从字面看，"齐名"的意思就是文学名气差不多大，但内里往往还包含有其他内容。如：二人年龄差不多，友谊比较深厚，等等。"元白"的情况就很典型。他们二人的年龄相差7岁，属于同时代的人。二人的经历有相似的地方，如他们都是贞元年间及第，又都被贬过官等。更重要的是二人交往很深，有共同语言，有共同兴趣，包括对围棋的兴趣。

不同的是，白居易比元稹年长，于公元815年被贬为江州司马。此后，虽然被起用，但他已经有意识地远离政治旋涡，主动要求到外地做官。到了晚年，他更是看破红尘，皈依佛教，自号香山居士。而元稹被起用后，政治抱负不减当年，一路升迁，直到二次被贬，死于任上。

白居易爱好围棋比较晚，是在他44岁（815）之后。在江州时，也许因为比较闲暇，白居易便爱上了围棋，结识了一些棋友。他写过一首名为《郭虚舟相访》的诗：

朝暖就南轩，暮寒归后屋。

晚酌一两杯，夜棋三四局。

寒灰埋暗火，晓焰凝残烛。

不嫌贫冷人，时来同一宿。

在这里，郭虚舟是一名道士。白居易有好几首诗提到他。例如：在《同微之赠别郭虚舟炼师五十韵》的开头，他写道：

我为江司马，君为荆判司。

俱当愁悴日，始识虚舟师。

师年三十余，白皙好容仪。

专心在铅汞，余力工琴棋。

也就是说，郭道士是白居易和元稹（字微之）的共同朋友。当年白居易被贬为江州司马，而元稹被贬为江陵（荆州）士曹参军。二人都郁郁不得志时，结识了郭虚舟。当时，郭虚舟30多岁，一表人才，专心炼丹，业余下围棋。

我们发现，从汉代到南北朝，只有关于仙人下围棋的传说，没有关于道士下围棋的记载，倒是僧人下围棋较多。这位郭道士下围棋的事实说明，唐代围棋得到了进一步普及。

至于白居易，广交三教九流，倒成了十足的棋迷。如果说他一夜下个三四盘棋还不算多的话，那他在另外一首诗——《刘十九同宿》里则说："唯共嵩阳刘处士，围棋赌酒到天明。"这说明他酒瘾、棋瘾都很大。

在元稹的诗中，与白居易赠酬唱和的诗最多，可见二人关系之密切。元稹关于围棋的诗也值得一提。他写过《酬孝甫见赠十首》绝句，其中第七首是关于围棋的：

无事抛棋侵虎口，几时开眼复联行？

终须杀尽缘边敌，四面通同掩大荒。

这首诗说的是围棋，但总让人觉得其中另有深意。

元稹还有一首较长的诗——《酬段丞与诸棋流会宿弊居见赠二十四韵》，说的是元稹请了一帮棋友到家中下棋。这首诗共有48句，在围棋史上有一定的价值，其中有这样几句：

> 旁攻百道进，死战万般为。
> 异日玄黄队，今宵黑白棋。
> 斫营看迴点，对垒重相持。
> 善败虽称怯，骄盈最易欺。

这里说的是下围棋的情景，既有棋盘上战斗场面的描绘，也有关于棋手心态的看法。然后，他又写道：

> 眠床都浪置，通夕共忘疲。

这说的是大家下棋下了一个通宵。早晨才各自散去，离别前还希望下次再聚会。最后，元稹写道：

> 分作终身癖，兼从是事隳。
> 此中无限兴，唯怕俗人知。

元稹清楚地知道，如果围棋成癖，有时难免坏事。但围棋中也有无限乐趣，高雅的人知道就行了；如果被庸俗之徒迷恋上，恐怕就真的要坏事了。

十七、刘郎赠友

刘禹锡，字梦得，曾经自称刘郎。他是唐代著名文学家兼哲学家。他的诗写得好，为后人留下许多警句。前面说过，他因参与王叔文的"永贞革新"而遭到贬斥。在这个过程中，他与柳宗元结下了深厚友谊，人们常把他们二人并称"刘柳"。同时，他与白居易交往密切，彼此作诗唱和，被人们并称"刘白"。被起用以后，他一路做官，一直到唐武宗会昌二年（842）去世，享年71岁。就像杜甫说的："人生七十古来稀。"刘禹锡在唐代算是高寿之人。

刘禹锡喜好围棋，结交了不少僧人棋手，如儇（xuān）师、浩初师等，也写有不少关于围棋的诗。

在刘禹锡的围棋诗中，最有名的是《观棋歌送儇师西游》，经常被围棋史学家征引：

长沙男子东林师，闲读艺经工弈棋。
有时凝思如入定，暗复一局谁能知。
今年访予来小桂，方袍袖中贮新势。
山人无事秋日长，白昼懵懵眠匡床。
因君临局看斗智，不觉迟景沉西墙。
自从仙人遇樵子，直到开元王长史。
前身后身付余习，百变千化无穷已。

初疑磊落曙天星，次见搏击三秋兵。

雁行布阵众未晓，虎穴得子人皆惊。

行尽三湘不逢敌，终日饶人损机格。

自喜台阁有知音，悠然远起西游心。

商山夏木阴寂寂，好处徘徊驻飞锡。

忽思争道画平沙，独笑无言心有适。

蔼蔼京城在九天，贵游豪士足华筵。

此时一行出人意，赌取声名不要钱。

这是一首不长不短的七言古诗，不仅介绍了僧师的籍里出身、驻锡之地、围棋爱好、棋艺水平、与诗人的关系等，还写出了诗人观棋、棋局变化，以及僧师欲西去长安的理由。诗中最精彩的句子是："初疑磊落曙天星，次见搏击三秋兵。雁行布阵众未晓，虎穴得子人皆惊。"长安是唐代的文化中心，人文荟萃之地，像僧师这样打遍三湘无敌手的高人，只有到长安才能遇到旗鼓相当的对手，才能提高棋艺。诗中还引用了王质烂柯、王积薪遇仙等典故。

十八、橘中棋仙

据牛僧儒的《玄怪录》记载：四川盛产橘子，有一家人的橘园里下了霜，橘子都收了，只剩下两个大的，长得有三斗盎那么大。主人很奇怪，就命人上树摘下来。这两个橘子的重量与普通的橘子差不多，剖开以后，只见每个橘子里都坐着一对白发老人在下棋，这4位老人身长尺余，谈笑自若，橘子剖开后也不吃惊，仍在继续下棋。下完棋，一位老人说："你输给我海龙王第七龙女的头发十两，……"他还说："等后天到了，王先生的青城草堂就还给我。"另一位老人说："王先生答应到这里来，居然没等到他。其实，这橘子中的乐趣不比在商山（位于今陕西商县）差。可惜的是，这橘子并非根深蒂固，被愚蠢的人给摘了下来。"又有一位老人说："我饿了，要吃龙根。"说着，他从袖子里抽出一根草根，有一寸来粗，弯弯曲曲的像龙的形状。他一边削着吃，那草根一边往外长，随削随长，总是那么长。食完后，老人喷上点水，那草根就变成一条大龙，4位老人一起骑上去飞走了。

据《史记·留侯世家》，秦末汉初有4位德高望重的老人在商山隐居，被称为"商山四皓"。《玄怪录》中的这则故事就是在《史记·留侯世家》所载相关故事的基础上附会而成的。《史记》中只说"四皓"是隐士，而且有名有姓，既没有说他们是仙人，也没有说他们会下棋。可是，到了《玄怪录》里面，这4个人显然已经被道教收编为仙人，还会下棋。既然是仙人，就要永远活下去，整天无所事事，吃吃"龙根"，下下棋，都是顺理成章的。既然是仙人，自然会许多法术，缩身入橘，来去乘龙，也都是顺理成章的。

《玄怪录》的作者牛僧儒（779—847）是唐代政治家。牛僧儒与元稹同岁，是贞元进士，历唐宪宗、唐穆宗、唐敬宗、唐文宗、唐武宗、唐宣宗等朝为官。"橘中棋仙"的故事可能是他得之传闻而记录下来的。《玄怪录》的"录"字就表示一种记录，故事本身不是牛僧儒原创的，而整理加工是少不了的。也就是说，这则故事至少在宣宗朝就在民间流传了。不过，这则故事对后世影响很大，成为典故，被频频使用。

唐人小说中这类仙人下棋的故事不少，除了前面提到的以外，还有许多。这里再举一例。

据张师正的《括异志》记载：婺源山中有一个洞穴，咸通末年（874），有一个姓郑的道士把绳子拴在洞口，他沿着绳子下到洞里一百多丈深的地方，看见旁边有光亮，就走过去。走了一阵儿，前方有河水挡住了他的去路，河对岸有花草树木，树下有两个道士正在下棋。下棋的道士派一个童子撑了一条小船过来，问郑道士："你想渡河吗？"郑道士回答说："不，我应当回去了。"童子就把船撑回去了。郑道士又往回走，沿着绳子爬了出来。第二天，洞穴中长出一根石笋堵住了洞口。从那以后，再也没有人进去了。

唐代以后，关于仙人弈棋、道士弈棋的故事越来越多。

十九、晚唐国手

晚唐政治衰败，但围棋活动仍然十分普及，弈棋水平也不低。这一时期出现了许多咏棋的诗，围棋界也出现过一些高手，有当过棋待诏的高手，也有没当过棋待诏的国手。下面介绍三位。

其一：王逢。

杜牧（803—852）是晚唐的大诗人，其祖父杜佑（735—812）是德宗朝宰相，也是学问家。杜牧秉承家学传统，先举进士，后长期为官。他业余时间著书立说，写有许多诗歌，也擅长书法和绘画。他写过一首七律（《送国棋王逢》）赠给棋手王逢，表达自己对围棋的爱好和对友人的钦佩。写完后，他觉得没有尽情尽意，又补写了《重送绝句》追赠给王逢。这两首诗让我们知道唐文宗时期（827—840）有一位名叫王逢的围棋国手。

《送国棋王逢》一诗写道：

> 玉子纹楸一路饶，最宜檐雨竹萧萧。
> 赢形暗去春泉长，拔势横来野火烧。
> 守道还如周伏柱，鏖兵不羡霍嫖姚。
> 得年七十更万日，与子期于局上销。

这首诗中的"周伏柱"指老子。老子在周朝时期曾任柱下史，著有《老子》（又名《道德经》）。"霍嫖姚"指汉武帝时期的大将霍去病，英勇善战，曾任嫖姚校尉。

这首诗的大意是：玉石的棋子，楸木的棋盘，承君让我一子；最适宜的是连绵的秋雨从屋檐流下，竹丛发出一片萧萧声。棋形虽弱，君却能神不知鬼不觉地补上，像春天泉水远远流去；大势形成，突发的攻击像野火燎原。守围棋之道如同老子之道，激战之时如同大将霍去病。如果我能活到70岁的话，还有一万天，我愿意与君约定，都在棋盘上消磨掉。

《重送绝句》写道：

> 绝艺如君天下少，闲人似我世间无。

別后竹窗风雪夜，一灯明暗复吴图。

在这首诗里，"吴图"可能是指三国时东吴的棋谱，这里泛指棋谱。

杜牧通过这两首诗表达了他与友人依依惜别的心情。

其二：顾师言。

唐朝苏鹗的《杜阳杂编》记载了这样一则有趣的故事：

唐宣宗大中年间（847—859），有一位日本王子带了许多贵重的礼品来朝见唐宣宗。唐宣宗用盛大的国宴和乐舞来款待他。这位日本王子很善于下围棋。唐宣宗命令棋待诏顾师言同他对局。日本王子拿出了"楸玉棋局"和"冷暖玉棋子"，说日本国以东三万里的地方有座岛屿叫作集真岛，岛上有凝霞台，台上有手谈池，池中生长玉棋子。这种棋子不用特别加工，自然分为黑白二种，并且冬暖夏凉，所以叫作"冷暖玉棋子"。同时，集真岛上生长着一种树木，像楸木一样，砍下来做成棋局，稍一加工就像镜面一样光滑明亮，可以照见人影。

顾师言和日本王子对局，两个人都下得十分认真，当下到第33手时，人们还看不出胜负，但顾师言发现自己有两片棋受到对方的攻击。他想："皇上命令我同日本王子下棋。如果输了，该怎么向皇上交代呢？"想到这里，顾师言下子更加谨慎了，他拿起一个子，反复思考，迟迟不落子，手上都出了冷汗。最后，顾师言终于下了第34个子，一举解除了两片棋的威胁。这一着被称为"镇神头"。后世一直流传着"顾师言三十三式镇神头"的佳话。面对这手"镇神头"，日本王子目瞪口呆，知道自己败局已定，便中盘认输了。后来，日本王子向礼宾官说："顾待诏是贵国第几棋手？"礼宾官不假思索地回答说："第三手。"而实际上，顾师言是第一国手。礼宾官为了摆大国的架子，撒了谎。日本王子说："我想见第一手。"礼宾官很机灵地说："根据我国的规定，王子如果赢了第三手才能见第二手，赢了第二手才能见第一手。现在王子连第三手都没能战胜，就急于要见第一手，这怎么能行呢？"日本王子被唬住了，无可奈何地感叹道："小国的第一名不如大国的第三名，看来确实如此。"

这是一则传奇故事，有一定的历史依据。由此可知，顾师言是宣宗朝的棋待诏，而日本国此时的棋艺也已发展到了很高的水平。

其三：滑能。

《北梦琐言》记载了下面这则故事：

唐僖宗时期（873—888），棋待诏滑能的围棋品级甚高，很少遇到敌手。有一个姓张的少年，年龄约为14岁，来找滑能下棋，还说要让滑能一个子。滑能棋下得很慢，思考老半天才下一个子。而姓张的少年随手就下一个子，似乎不用思考，接着便在庭院内悠闲地散步。等滑能再下一个子，他又随手应一个子。不久，黄巢起义军攻下长安，唐僖宗逃奔蜀地。滑能也要以棋待诏的身份到蜀地去，他打算从汉中一带进入蜀地。于是，他收拾好行装，要带着家人一起走。这时，姓张的少年说："你不必去了。跟你明说吧，我不是一般的棋手。天帝命我前来带你去下棋。快安排一下家里的事情吧。"滑能听了大吃一惊，他的妻子和孩子也都哭了起来，过了一会儿，滑能就和姓张的少年一起"上天"了。

这是一则掺杂着怪异内容的故事，但它告诉我们，唐僖宗时期的确有一位棋待诏名叫滑能。时人认为，他是天下最厉害的棋手，但是当时唐朝行将解体，皇帝已经穷途末路，不值得这样的好棋手陪他下棋了，就编出这样一则故事，让他上天去和天帝下棋。

二十、僧人棋诗

白居易的《池上二绝》之一写道：

> 山僧对棋坐，局上竹阴清。
> 映竹无人见，时闻落子声。

这是一首写僧人下棋的诗。唐代会下棋的僧人很多。前面已经提到辨才、一行、旻上人等，此外尚有一些棋僧，如刘禹锡诗中提到的僙师、浩初师等。这里要说的是晚唐僧人子兰、贯休和齐己写的关于围棋的诗。

子兰，曾为唐昭宗朝（888—904）文章供奉，有诗一卷26首，收在《全唐诗》卷八二四。子兰写过《观棋》一诗：

> 拂局尽消时，能因长路迟。
> 点头初得计，格手待无疑。
> 寂寞亲遗景，凝神入过思。
> 共藏多少意，不语两相知。

这首诗的大意是：掸去棋局上的浮尘，要下棋消磨时光了，这能让赶远路的人停下来观看。下棋的人摇头晃脑表现得很得意，两手相抵，觉得没有问题。寂寞中，棋下到后半盘了，两人还在凝神思考。这中间包藏多少心思和意图，不用说，他们俩都心中有数。

僧人贯休（832—913），既是画家又是诗人，唐昭宗天复年间（901—904）入蜀地，法号"禅月"，人称"禅月大师"，其诗集名《禅月集》。《全唐诗》卷八二六至卷八三七收有他的诗，共12卷。他写过一首五言律诗（《棋》）：

棋信无声乐，偏宜境寂寥。

着高图暗合，势王气弥骄。

人事掀天尽，光阴动地销。

因知韦氏论，不独为吴朝。

这首诗的大意为：围棋真是一种无声的娱乐，尤其适合在安静寂寞的情况下玩。高着与棋谱暗暗相合，棋势强的时候更容易使人产生傲气。下棋的时候，人间的事情全部彻底被抛却，宝贵的时间也彻底被浪费掉。由此可以知道，三国时期韦曜关于围棋有害的论述，并非单单为了东吴的人。

我们无法从这首诗看出贯休会不会下围棋，倒是能看出他是否喜欢围棋。显然，贯休认为，围棋是一种娱乐，但只能在特定的情况下玩。他认为，下围棋有很大的危害，他总体上是不赞成玩的。他很赞同韦曜的观点，认为韦曜的理论是古往今来普遍适用的。

从贯休的态度可以知道，唐代虽然有一些棋僧，但佛教界对围棋是有不同看法的。同样，我们从齐己的诗中也能看到与贯休类似的观点。

齐己（863—937），俗姓胡，湖南人，衡山东林寺僧，自号"衡岳沙门"。《全唐诗》卷八三八至卷八四七收有他的诗，共10卷。

齐己有一首诗叫作《和郑谷郎中看棋》：

个是仙家事，何人合用心？
几时终一局，万木老千岑。
有路如飞出，无机似陆沉。
樵夫可能解，也此废光阴。

这首诗的意思是：下围棋这种事情，是仙人玩的，哪里轮得上凡人用心思下功夫呢？很长时间才能下完一局，连山山岭岭的树木都老朽了。围棋下得好，有出路，就像飞起来一样让人高兴；下不好，把握不好战机，就像大地沉陷一样令人绝望。樵夫也许能了解其中的奥秘，但也因此浪费了大好光阴。

显然，齐己作为僧人，是不赞成下棋的。他认为，下围棋是仙人的事，而不是凡人的事，理由是太费时间。

五代十国

第七章

公元907年，唐朝灭亡，中国历史进入了五代十国这一大分裂时期。五代十国历时不长，只有50来年。受唐代围棋大普及的影响，这一时期见诸史料的围棋人物和围棋故事并不少，关于围棋的诗词也很多。所以，五代十国时期是整个中国围棋史上不可缺少的一环。下面就简要地介绍这一时期的几个人物和几件事。

一、逍遥先生

郑云叟（871—944），本名遨，字云叟，五代十国时期的著名隐士。关于他的事迹，见于《旧五代史·郑云叟传》和《新五代史·郑遨传》。

郑云叟是个奇人。因为科举没有考中，他就决心带着老婆、孩子隐居。老婆不同意，他就弄了些钱安顿下他们，自己跑到少室山当了道士。后来，妻子传信让他回家，他接到信连看都不看，就直接投进火里。他对家人很绝情，但当他听说老婆死了，他还是哭了。他很重视友情，会步行千里去看望朋友。他后来到华阴居住，靠种山田养活自己。他好饮酒，能写诗，写过长达1200字的《咏酒诗》。当时，人们把他的诗抄在绸缎上，作为礼物赠送亲友。朝廷多次要重用他，都被他拒绝了。后晋高祖石敬瑭（892—942）派特使请他出来做官，他称病不去，上表致谢。石敬瑭看到表文，大加赞赏，让臣下传看，赐郑云叟号"逍遥先生"。

郑云叟的确逍遥，有自己的生活情趣。他有一个大葫芦，用来装酒，可以长时间保鲜。他和道友罗隐之经常在花木水石间边饮酒边吟诗，你一杯我一杯，你一句我一句。有一次，他们曾经这样联句：

郑云叟吟道："一壶天上有名物，两个世间无事人。"

罗隐之吟道："醉却隐之云叟外，不知何处是天真。"

郑云叟酷爱围棋，一旦遇见会下棋的道友来访，就夜以继日地下个不停。尤其在冬天，飘风扬雪，天寒地冻，他和友人就在屋檐下下棋，手脚冻裂了也不在乎。都说围棋高雅，下棋要有好的环境和气氛。而像郑云叟这样专心下棋，不顾环境恶劣的棋手还真是少见。

《全唐诗》卷八五五有郑云叟诗，其中的《山居》①云：

不求朝野知，卧见岁华移。

采药归侵夜，听松饭过时。

① 一说此诗为杜光庭作。杜光庭，经历与郑云叟有相似处，生于唐末，善诗文，屡试不中，入天台山做道士，后为唐僖宗召见为官，其后又入青城山隐居，蜀主王建赐号"广成先生"。二人有若干诗相混，后人莫辨。因郑云叟酷好围棋，故引为佐证。

荷杆寻水钓，背局上岩棋。

祭庙人来说，中原正乱离。

道士遭逢乱世，隐居乡野，不求名利，但求安稳。弈棋成为一个逃避世俗的办法。郑云叟正是一个民间围棋手的代表。

二、日月轮空

欧阳迥（896—971），益州华阳（今四川成都）人，在前蜀（907—925）做过官，在后蜀（934—965）则一路升迁，广政二十四年（961）拜相。不久，后蜀末代皇帝孟昶降宋（北宋），欧阳迥随降。据《宋史·欧阳迥传》记载：欧阳迥擅长吹长笛，又喜欢作诗，但他的诗"虽多而不工"。后蜀宫廷奢靡腐败，但欧阳迥保持俭朴，这是难能可贵的。当年，他曾模仿白居易写了50首讽谏诗献给孟昶，受到孟昶的赞扬和奖赏。

说他的诗"多而不工"，似乎有一定的道理，但他关于围棋的诗在意境上表现出了一定工力。他写过一首题为《赋棋》的诗，但已经散佚，仅有残句流传，其中有这样两句：

古人重到今人爱，万局都无一局同。

这两句诗的大意为：从古到今，人们都喜爱围棋，无数局下下来，没有一局是雷同的。这说明诗人是爱好围棋并懂得围棋的。他还

写道:

　　静算山川千里静，闲消日月两轮空。

　　这句诗的意思是：静静地计算，仿佛山川大地都一片寂静；下棋休闲，消磨光阴，太阳和月亮也变得空无了。这两句诗很有意境，诗意中带有禅意。

三、花蕊夫人

　　花蕊夫人，姓徐，青城（今四川都江堰市）人，受到后蜀皇帝孟昶宠幸，被封为花蕊夫人。她很有文采和才艺，曾效仿唐代诗人王建作有《宫词》一卷百首，收在《全唐诗》卷七九八。

　　孟昶于公元934年登基，虽稍有作为，但生活奢靡。公元965年，宋军入蜀，孟昶投降，被押往开封。宋太祖对孟昶很优待，宴请之后封他为秦国公，但他受封7天便去世。据《十六国春秋·蜀志》载：宋太祖对花蕊夫人久有耳闻，很欣赏她的文采，特地请她赋诗。于是，花蕊夫人便吟诵了《述国亡诗》：

　　君王城上竖降旗，妾在深宫那得知？
　　十四万人齐解甲，更无一个是男儿。

　　这位夫人果然厉害，激烈地讽刺了孟昶君臣的投降行为，说他们没有骨气，没有男子汉气概。而她，虽然有一片爱国情怀，但作为一名后宫的柔弱女性，只有被俘虏的命。据说，宋太祖对她的这首诗十分赞赏。

然而，花蕊夫人的《宫词》完全不是这种格调。其中，有一首关于围棋的诗这样写道：

日高房里学围棋，等候官家未出时。
为赌金钱争路数，专忧女伴怪来迟。

这首诗写的是后蜀后宫生活的一个侧面：太阳升起很高了，官女趁机在房间里下围棋，大家都是急急忙忙地凑到一起下棋赌钱的。她们时间不多，机会难得，谁来晚了就会受到埋怨。

四、罢弈再弈

李恽（yùn）（916—988），北汉（951—979）初年（约953）中进士，累迁为相。北汉时期，世道混乱，他的母亲住在乡下，他整天为母亲的生命安危担忧，情绪低落。他整天沉溺于喝酒、下围棋，借以消愁忘忧，荒废了许多政事。北汉英武帝刘继元（968—979年在位）曾多次劝说李恽，但李恽没有悔改。有一次，李恽正和一名僧人下棋，刘继元很生气，让手下人直接冲到李恽跟前，把棋局烧毁。李恽见状，表现得很平静，不慌不忙地来到刘继元跟前承认错误。刘继元对他痛加谴责，但他听完之后就像什么事都没有发生一样，第二天又做了一个新棋局，继续下棋。后来，宋太宗赵炅（jiǒng）（原名赵匡义，939—997）攻下太原，李悛归顺宋朝，继续为官。

这则故事出自《宋史·李悛传》，说明当时北方下围棋的风气也很浓厚。

李煜（937—978），南唐最后一个皇帝，世称李后主。作为君王，他是一个失败者，甚至是个杀人魔王。他在北宋已经建立、南唐行将覆亡的危难关头即位（961），但他不知大难即将来临，仍然作威作福，骄奢淫逸。公元975年，北宋灭南唐，李煜成为亡国之君，其屈辱感可想而知。但他又是中国文学史上有重大影响的人物，给后世留下了很多美妙的词作。他留下了30多首词，可以说都是精品。他的词没有华丽辞藻，以真情感动人。作为一代奇才，李煜不仅擅长作词，还精于书画、音乐、围棋。关于他下围棋的故事，也和他的宫廷生活有关。

据《南唐书·萧俨传》记载：李煜即位后常常与宠幸的妃子下棋取乐，不理政务。三朝元老萧俨对此很不满，大发脾气，把他的棋盘扔到地上。李煜怯懦，自知不妥，也不生气，只好暂时"罢弈"。然而，事情过后，他又弈棋如故。

李后主下围棋的故事说明，南唐宫廷下棋成风，这和南方围棋基础好有关。南方围棋自三国时期就打下厚实的基础，到五代十国更加流行。

五、无德棋人

据《旧五代史·陈保极传》记载：陈保极，后唐天成年间

（926—930）中进士。关于陈保极下围棋，《旧五代史·陈保极传》说："保极无时才，有傲人之名，而性复鄙吝，所得利禄，未尝奉身，但蔬食而已。每与人弈棋，败则以手乱其局，盖拒所赌金钱不欲偿也。及卒，室无妻儿，唯囊中贮白金十铤，为他人所有，时甚嗤之。"可见，陈保极这个人没有什么才能，但很傲气，也很吝啬，是典型的守财奴。下棋赖账，说明他棋德太差。不过，陈保极的行为不算最差，不是完全不可容忍的。五代十国时期还有更恶劣的棋手，行为卑鄙下作，十分可恨。

据孙光宪的《北梦琐言》记载：安重霸在蜀地当简州刺史时，贪得无厌，他所管辖的地方有一个姓邓的人，是外地到那里卖油的商人。姓邓的人会下围棋，安重霸想勒索他，叫他去下围棋。姓邓的人每下一个子，安重霸就让他离开棋局退出去，到西北边的窗户下站着等。安重霸想好了，下了子，才让姓邓的人进来下。他们就这样下了一整天，才下了十来个子，姓邓的人站在那里特别累，又饿又渴，实在难以忍受。可是，安重霸第二天又叫他去下棋。有人告诉姓邓的人说："安重霸这个人喜欢接受贿赂，他找你去的目的不是下棋，你为什么不献上些钱财呢？"姓邓的人这才明白过来，他拿出10锭金子献给了安重霸，这才摆脱了安重霸的纠缠。

《新五代史·安重霸传》说安重霸"狡谲多智，善事人"。意思是说，他把智力都用在拉人事关系上，善于见风使舵，看谁有权势就投靠谁，但没有说他勒索钱财。这则故事告诉我们，安重霸贪得无厌，残酷勒索平民，其实就是个恶霸。专制社会的贪官污吏想尽一切办法来敲诈勒索百姓，但利用下围棋来索取钱财的非常少见。

第八章

两宋

随着科学技术的发展，文献资料保存下来的越来越多。从文献记载看，两宋时期的围棋的确有很大发展，主要表现为以下几个方面：第一，皇帝的爱好不仅带动了宫廷，也带动了群臣，带动了整个上流社会。特别是宋太宗赵炅在位期间（976—997），他充分认识到下围棋的好处，不仅自己经常下围棋，也鼓励臣子下棋，为宋代朝野下围棋风气的形成起到了巨大的推动作用。第二，这一时期仍然采用棋待诏制度，设有专职围棋官员，高水平的专业棋手不断涌现。第三，民间下围棋也形成风俗，不论是僧人、道士、隐者，还是市井平民，围棋爱好者很多。在围棋普及的基础上，民间出现了靠围棋谋生的专业棋手。第四，关于围棋的高水平理论著作应运而生，如《棋经十三篇》《忘忧清乐集》等。这些论著既是对古代围棋理论的总结，也为未来围棋的发展打下了基础，同时保留了许多古代围棋的珍贵资料。

一、宋太宗倡弈

宋太宗，宋太祖赵匡胤之弟，登基后改名赵炅。此人很有政治才能，继承赵匡胤皇位之后，统一了中原地区和江南地区的大部分国土，使社会经济得到发展，人民生活比较安定。他本人爱好文史，也注重国家的文化事业发展，著名的类书《太平御览》、诗文汇编《文苑英华》和小说笔记汇编《太平广记》都是在他执政期间完成的规模宏大的文化工程。

至于宋太宗对围棋的爱好，可见于一些文字。

据《宋史·世家·吴越钱氏》记载：宋太宗太平兴国六年（981），淮海国王钱俶（929—988）生病，太宗派人前去探望，赏赐钱俶"文楸棋局、水晶棋子"，还传达口谕说："朕在处理政务之余，很留意下围棋，你现在休假有闲暇，可以用它来消遣时日。"

这条材料有四点值得注意：第一，当时皇家有很精美的棋具。唐代以来，高级的木棋局多用楸木，上面带有天然纹理。宋代也是如此。而水晶棋子则异常名贵。第二，宋太宗喜好下棋，经常利用业余时间下棋。第三，宋太宗认为围棋是一种很好的娱乐消遣，甚至认为有助于健康，所以鼓励臣属下棋。第四，钱俶是会下围棋的。钱俶本是杭州临安人，在五代十国时期是吴越国君，后来归顺大宋。吴越一代围棋非常普及，他会下围棋也在情理之中。

据宋人文莹的《湘山野录》记载：太宗喜欢下棋，就有臣下建议将棋待诏贾玄调到南方。此人说："贾玄经常用新的图谱定式来蛊惑陛下。而陛下日理万机，贾玄会妨碍陛下处理公务。此外，长时间地坐在那里动脑子，会影响陛下的气血流通。"太宗对此人说："朕不是不知道这些道理，我只是借此躲避后宫而已。不必再说了。"这件事说明，宋太宗下围棋的目的之一是躲避后宫。也许这是他迷恋围棋的一个借口，但在他看来，这至少是君王下围棋的好处之一。对于贾玄，宋太宗当然不会轻易把他调到南方。

宋代文学家王禹偁（chēng）（954—1001）有一首长诗叫作《筵上狂歌送侍棋衣袄天使》，其中有这样几句：

昔事先皇叨近侍，此门西掖清华池。
太宗多才复多艺，万机余暇翻棋势。
对面千里为第一，独飞天鹅为第二。
第三海底取明珠，三阵堂堂皆御制。
中使宣来示近臣，天机秘密通鬼神。
乃知棋法通军法，既戒贪心又嫌怯。
惟宜静胜守封疆，不乐穷兵又戈甲。
先皇三势有深旨，岂独一枰而已矣？
当时受赐感君恩，藏于篋笥传子孙。

这首诗告诉我们，宋太宗曾研究出三个新的棋势——"对面千里""独飞天鹅""海底取明珠"，并将图谱颁发给近臣。这件事在当时引起了巨大轰动，宋代人在笔记中多有提及。

叶梦得的《石林燕语》提到此事时说，宋太宗"留意艺文，而琴棋亦皆造极品"，对于太宗下达的棋势，群臣竟"多莫究所以"。

宋代人吴曾在《能改斋漫录》提到此事时说："太宗万机之暇，留心弈棋，自制三制，一曰对面千里势，二曰天鹅独飞势，三曰海底取明珠势。一时近臣，例以棋图颁赐。"

从这些记载可知，宋太宗棋艺水平很高。

李壁（1158？—1222），南宋著名史学家，他的《王荆公诗注》中有这样一则小故事：

宋太宗赵炅很喜欢下围棋。当时，有个大臣名叫贾玄，因为很会下棋，做了棋待诏。贾玄每次陪宋太宗下棋都会输一个子。宋太宗知道贾玄是故意输给他的，就说："再下一局，这局你要是再输了，我就让人打你。"于是，他们又下了一局。下完后，双方下达成了和棋。太宗还不满意，说："这一局，你还是故意让我的。再下一局，你胜了，我就重赏你；你要是不胜，我就让人把你扔到水塘里。"下完棋，一数子，他们又是不分胜负。宋太宗说："下成和棋，是你没有胜我。"说着，他便让人抱起贾玄，要往水里扔，贾玄连忙喊："陛下，我这里还握着一个子呢！"太宗大笑，重重地赏了他。

这则故事只是一个趣谈。按照宋太宗的水平，他应当在下完棋的时候知道输赢，只是为了让大家一乐，才故意戏弄贾玄一通。

二、徐铉术语

徐铉（916—991），字鼎臣，扬州人。他先在南唐朝廷做官，后来随李煜归顺大宋。他因敢于当面反驳宋太宗的厉声责难，被宋太宗视为忠臣。据《宋史·徐铉传》记载：他的经历有以下几点值得注意：（1）他10岁就能写文章，说明他自幼即有文采，这为他后来的诗文写作打下了基础。（2）他钻研小学（文字学），并很有成就，这成为他后来归结围棋术语的根基。（3）他不畏强权，忠君尽职。这些表现了他率直、豁达、勇敢的个性，也影响了他对围棋的见解。

他曾经写过《棋赌赋诗输刘起居戋》：

刻鹄知无取，争先素未精。

本图忘物我，何必计输赢？

赌墅终归利，焚舟亦近名。

不如相视笑，高咏两三声。

这首诗里有三个典故需要简单解释一下：

"刻鹄"，出自《后汉书·马援传》："刻鹄不成，尚类鹜者也。"意思是说，雕刻天鹅不成，还凑合着像只鸭子。这个典故是说，模仿得不够好，写东西还欠火候。

"赌墅"，即本书第四章"淝水之战"所说谢安与谢玄下棋赌别墅的事。

"焚舟"，出自唐朝李端的《送潘述宏词下第归江外》："弈棋知胜偶，射策请焚舟。"意思是坚定决心博取功名。原典出自《左传·文公三年》："秦伯伐晋，济河焚舟。"意思是破釜沉舟，决一死战。

除了这三个典故，徐铉的这首诗通俗易懂。

南北朝时期，中国的音韵学有了较大发展，人们将音韵学成果运用于围棋盘。而徐铉则按照音韵并结合常用语，把围棋盘上的19道编排出19个名称：一天、二地、三人、四时、五行、六宫、七斗、八方、九州、十日、十一冬、十二月、十三闰、十四雉、十五望、十六相、十七星、十八松、十九客。这些名称很便于记忆。他还总结出32个行棋手段术语，并一一加以解释。其中，立、飞、尖、粘、关、冲、顶、断、打、劫、扑、刺、夹等，今天依然被广泛使用。

三、围棋五常

潘慎修（937—1005）是宋代初年擅长围棋的高手。据《宋史·潘慎修传》记载：他是福建莆田人，在南唐朝廷做过官，归顺大宋后仍被任用，并不断升迁。

> 慎修善弈棋，太宗屡诏对弈，因作《棋说》以献。大抵谓："棋之道在乎恬默，而取舍为急。仁则能全，义则能守，礼则能变，智则能兼，信则能克。君子知斯五者，庶几可以言棋矣。"因举十要以明其义，太宗览而称善。

这段话说明，潘慎修的围棋水平可能和宋太宗差不多，才足以与之对弈。他不仅有实战经验，也深得围棋的精神要领。他认为，围棋的基本精神是"恬默"，但具体下的时候就要有取舍，而考虑取舍的时候就"急"。这使我们联想到日本的围棋术语，把棋盘上最重要的点叫作"急所"。

前面有不少故事都谈到下棋和人格有关，和性格有关，也说了一些关于围棋道德、围棋亲情等的故事，但潘慎修第一次把古代人伦关系强调的"五常"，即仁、义、礼、智、信，引入围棋原理。由于这一原理过于抽象，我们读了以后难以得其要领。我们下棋的时候，不知道怎么通过怀有一颗仁爱之心保全活命，也不知道怎么通过讲求道义守住地盘，等等。或者反过来说，这是一种比喻，处理人伦关系要像下围棋那样？对此，或许潘慎修在其他作品中有具体分析、论述，我们不得而知。可是，《宋史·潘慎修传》说了，君子懂得了这5条，才可以谈论围棋，言下之意是，不懂得这5条，就没有谈论围棋的资格了。我们可以说，围棋的确是一门博大精深的学问，围棋的内涵也的确是包罗万象的。历代棋士、学子进行了不懈挖掘与阐扬，成果显著。而潘慎修为了迎合最高统治者宋太宗的口味，对围棋做了这种抽象阐发，太宗很满意，"览而称善"。

四、元之三黜

由于宋太宗的倡导，北宋时期有许多文人、士大夫会下围棋，虽然正史中的记载较少，但笔记、诗文中有许多记录。这里要说的是王禹偁。

王禹偁，字元之，济州钜野（今山东巨野）人，太平兴国八年（983）中进士。后来，宋太宗嘉其文采，每有升迁，但他的仕途并不平坦，可以说是"三起三落"。他最后一次被贬是在公元998年，宋

真宗赵恒（968—1022）让他参与《太祖实录》的编纂，他作为负责
具体工作的中层官员，夹在两个闹矛盾的宰相之间，说错了话，被贬
到黄州（今湖北黄冈）任知州。这次被贬对他打击很大，他感到十
分冤屈，写下《三黜赋》以明志。在这篇赋的结尾，他写道："屈于
身而不屈于道兮，虽百谪而何亏！"他虽然感到冤屈，但他仍然认
为，自己坚持了正义，就是被贬一百次也是值得的。

话虽这样说，但在此期间，他还是多少有些郁闷，常借下围棋来
调节心境。咸平二年（999），他在黄州城的瓮城一角的废墟上搭建
竹楼两间，并于中秋之日写下文章《黄州新建小竹楼记》。提及小楼
功用时，他写道："宜鼓琴，琴调虚畅；宜咏诗，诗韵清绝；宜围棋，
子声丁丁然；宜投壶，矢声铮铮然。皆竹楼之所助也。"这表现了当
时士大夫阶层高雅脱俗的闲适情调。

大约是年深秋，天气转凉了，宋真宗为了表示关怀，特地派使
者前去黄州给王禹偁送衣袄。而这位送衣袄的使者又恰恰曾陪先帝宋
太宗下棋。王禹偁宴请了这位官员，筵席上少不了提起当年宋太宗在
世时下棋的情景。先帝的眷顾，当下天子的关怀，使王禹偁激动万分，
于是写下了《筵上狂歌送侍棋衣袄天使》一诗。我们前面已经引用过
这首诗的一部分，这里再引用其中的几句：

> 筵中偶说当年事，三势分别皆记得。
> 我从失职别上台，御书深锁不将来。
> 遥想棋图在私室，天香散尽空尘埃。
> 今日因君聊话及，翻作停杯向隅泣。

他因围棋而心境平和，也因围棋而大悲大喜。他在黄州度过3年多的光景后，接到了调令。然而，他刚刚离开黄州不到一个月就去世了。

五、名相之弈

这里所谓"名相"不是佛家用语中的名相，而是指北宋时期著名的宰相。他们是范仲淹、欧阳修和王安石。这三人有几个共同的地方：一是他们都经过宦海浮沉，都实行过政治改革，又都以失败告终。二是他们都是文学家，都给后世留下了宝贵的文学遗产。三是他们都是围棋爱好者。

其一：范仲淹。

范仲淹（989—1052）出身贫寒，刻苦求学，为政多有政绩，几经沉浮，曾任宰相。他在中国历史上以忠孝、俭朴、爱民、勤政闻名，是北宋时期为官的榜样。他在文学上也卓有成就，诗词以豪放见长，文章以思想性著称。他的《岳阳楼记》更是独步千古的名篇。

范仲淹也是一名围棋爱好者。他在一首题为《依韵酬邠州通判王稷太傅》的诗中写道：

恶劝酒时图共醉，痛赢棋处肯相饶。

意思是说，苦苦地劝酒，是为了一起醉倒；下棋想大赢一局，但该饶对方的时候还是要饶。这两句诗表现了诗人豪放大度的人格。

他还写过一首五言古诗（《赠棋者》），最后两句是：

成败系之人，吾当著棋史。

范仲淹觉得，围棋同政治、军事都有共通的道理，事情的成败在很大程度上取决于人事关系。为此，他深有感慨，觉得他应当写一部围棋史，这有助于人们加深对围棋的理解，也有助于人们通过围棋来认识人世间的种种现象。范仲淹也许是历史上第一个想写围棋史的人。尽管我们没有看到他写的围棋史，但我们明白他的意思。

其二：欧阳修。

欧阳修（1007—1072），宋朝大文学家和史学家，也曾经当过宰相，但他的文学成就要远远大于他的政绩。他不仅有许多诗词文章传世，还与宋祁合编了《新唐书》，独撰了《新五代史》。

欧阳修曾自称"醉翁"，写有著名散文《醉翁亭记》。到了晚年，他又自称"六一居士"。有客人问欧阳修："六一是怎么回事？"欧阳修说："我家里藏有一万卷书，搜集了上古铜器和石头上的铭文一千卷，还有一张琴、一支笔、一局棋。"客人说："这才五个'一'呀！"欧阳修说："还有一个'一'，就是我这个老头子。"

当时，有个法号为"法远"的和尚住在浮山（今江苏盱眙县），欧阳修听说法远很有学问，就去拜访他。来到法远住的地方，欧阳修觉得那里没有什么特殊的东西。他在法远的住处与一位客人下棋，法远坐在一旁。下着下着，欧阳修突然把棋收了起来，请法远当即根据围棋来讲一段佛学道理。法远立即坐到讲坛上，开始一本正经地说佛法："世间的事和两个人下棋是一样的……只知闭门求活，不知冲关夺角，最后还是要输。所以说，肥边易得，瘦腹难求；一心走大棋，往往忘记粘连；粗心大意，往往处处受敌。不要说国手，也不要说神仙，即使不理会输赢的人，在黑白形势不分明时，也难以找到合适的落子处。"过了好一会儿，法远又说："自古以来，在这19道棋盘上，不知有多少人迷惑，也不知有多少人清醒。"欧阳修很佩服法远的讲解，也深受启发。

欧阳修关于围棋的诗文也很多。例如：他在《于役志》中4次提到与友人下棋。再如：他有一首诗叫作《梦中作》，顾名思义，这是他在梦里写的诗，也涉及围棋：

> 夜凉吹笛千山月，路暗迷人百种花。
>
> 棋罢不知人世换，酒阑无奈客思家。

他还有一首诗叫作《新开棋轩呈元珍表臣》：

> 竹树日已滋，轩窗渐幽兴。
>
> 人闲与世远，鸟语知境静。
>
> 春光蔼欲布，山色寒尚映。
>
> 独收万虑心，于此一枰竞。

《新开棋轩呈元珍表臣》的最后两句道出了诗人下棋的目的：忘忧。但是，忘忧只是暂时的，这是中国知识分子的命运决定的。前面说过，比欧阳修年长的范仲淹也是围棋爱好者，当年他们二人都被指责为"朋党"，同时被贬官。范仲淹曾写下"先天下之忧而忧，后天下之乐而乐"的千古名句。可见，中国的知识分子大多怀有一种忧国忧民的使命感，"修身、齐家、治国、平天下"成为他们永远也摆脱不掉的"紧箍咒"。欧阳修也不例外。"万虑心"透露的就是这样一种精神状态。

其三：王安石。

王安石（1021—1086）也是北宋时期的著名宰相。他的变法遭到反对（包括欧阳修），最终失败，但他作为政治家，因此彪炳史册。他的文学成就也很突出，被列为"唐宋八大家"之一。

王安石喜爱围棋，爱得执着，爱得有特点。宋代人陈正敏在《遁斋闲览》中对王安石的棋艺特点有评价：

> 荆公棋品殊下，每与人对局，未尝致思，随手疾应。觉其势将败，便敛之，谓人曰："本图适性忘虑，反苦思劳神，不如且已。"

这里说王安石下棋"未尝致思，随手疾应"有两方面意思：一方面，说他下棋率性无拘，表现的是他的性格特征；另一方面，说他下棋凭感觉，就像不假思索，其实这是一种快速判断。如同今天的快棋赛，棋艺多高的棋手也难免失误，王安石也是如此。说他"觉其势将败，便敛之"，其实这是一种认输方式。"敛局"不是"乱局"，而是收局，不能理解为耍赖。事实上，王安石对输赢并不十分在意，也不愿意在这方面多费心思。有王安石的诗《棋》为证：

> 莫将戏事扰真情，且可随缘道我赢。
> 战罢两奁分黑白，一枰何处有亏成？

在王安石看来，下棋就是一种游戏，下了就是赢了；下完棋，黑白子即被分开，各归各的匣子，棋局上没有留下任何输赢的痕迹。正因为这样想，王安石总是下快棋，不愿意苦思劳神，他的棋艺自然不会很高。

王安石还有一首关于围棋的诗——《对棋与道源至草堂寺》：

> 北风吹人不可出，清坐且可与君棋。
> 明朝投局日未晚，从此亦复不吟诗。

我们从这首诗的前两句可以看出，王安石与前文提到的"逍遥先生"不同，他要在一个能够躲避寒风的地方下棋。这首诗后两句的意思也不是说他真的就要戒棋、戒诗了，而是说与棋友下棋，不顾一切，哪怕明天把棋局扔掉，哪怕从此不再作诗，也在所不惜，要先下个痛快再说。

据宋代高僧惠洪的《冷斋夜话》记载：王安石居住在金陵钟山时，与薛昂下棋赌诗，二人谁输了就吟一首咏梅花的诗。王安石输了，就作了《与薛肇明弈棋赌梅花诗输一首》。薛昂输了却作不出诗，就请王安石代作。

惠洪的《冷斋夜话》一向不被看好，宋代学者陈振孙认为此书"所言多诞妄"(《直斋书录解题》)。但这则故事于史有证，与《宋史·薛昂传》记载一致：薛昂，杭州人，元丰八年(1085)进士，"寡学术"却连连升迁，后攀附权奸蔡京(1047—1126)，极尽丑态，为时人笑。

六、枰上探玄

这里谈三个人，他们是邵雍、沈括和陆九渊。

其一：邵雍。

邵雍(1011—1077)，字尧夫，北宋主观唯心主义哲学家，《宋史》有传。邵雍年少时学习刻苦，精研阴阳八卦之学，后声名鹊起，仍生活节俭，与人为善，岁时耕稼。他把自己的居所命名为"安乐窝"，自号"安乐先生"。邵雍深受司马光等名贤尊敬，和他们过从甚密。时人认为，他"知虑绝人，遇事能前知"，不为朝廷征用。邵雍死后谥号"康节"，有哲学著作《皇极经世》等与诗《伊川击壤集》传世。

邵雍认为，万事万物皆生于心，心为太极，而太极是一，一生二，二生四，再生万象。这就是他的宇宙生成观——先天数象学。他在诗中也写道：

> 身生天地后，心在天地前。
> 天地自我出，自余何足言？

可惜的是，这位哲学家被当作算命先生记录于正史，他在后世传说更是神乎其神，至今托名邵雍及其后代的算命书不绝于市。

邵雍对围棋很感兴趣，精心观摩后将他的阴阳八卦理论融诸围棋风云，纵贯古今，写出长达360句共计1800字的长诗《观棋大吟》。在这首诗中，他除了描绘棋战中双方的行为、心态外，还辩证万象，对生杀、与夺、戾和、输赢、高卑、利害、得失、卷舒、取舍、真伪、名实、福祸、是非等世间对立事象和观念予以阐发。除《观棋大吟》，邵雍尚著有《观棋长吟》《观棋小吟》等，都表现了他对围棋和世事的深切关注和别具匠心。

《观棋长吟》中有这样八句：

> 局合龙蛇成阵斗，劫残鸿雁破行飞。
>
> 杀多项羽坑秦卒，败剧苻坚畏晋师。
>
> 座上戈铤（chán）尝击博，面前冰炭旋更移。
>
> 死生共抵两家事，胜负都由一着时。

诗中，"项羽坑秦卒"指项羽入关自称西楚霸王之前，击败秦军主力，坑杀降兵20余万人。"苻坚畏晋师"，指淝水之战后，苻坚败逃时，风声鹤唳，草木皆兵。铤，铁柄短矛，形容棋手对局如短兵相接。"胜负都由一着时"等于说"一着不慎，满盘皆输"。

其二：沈括。

沈括（1031—1095），《宋史·沈括传》曰："括博学善文，于天文、方志、律历、音乐、医药、卜算，无所不通，皆有所论著。"可见，沈括很博学，是典型的杂家。其实，沈括的学问才能远不止这些。他多次出使契丹、辽国，是卓越的外交家、智谋家。他除弊兴利，节约朝廷财政支出，是优秀的理财家。他精心钻研城防、兵器和阵法，率兵抗敌，大破西夏军队，又是杰出的军事家。据记载，他的著作多达20余部，现仅存《梦溪笔谈》于世。此书共30卷，上系天文，下及地理，中经人事，涉及自然科学和社会科学的许多门类，是一部百科全书性质的巨著，被英国科学史家李约瑟称为"中国科学史上的里程碑"。就是这部著作，也多次提到围棋。

他说："如弈棋，古局用十七道，合二百八十九道，黑白棋各百五十，亦与后世法不同。"这句话指出了古代棋局的道数和子数的变化。

更重要的是，他对19道棋局上会产生的无穷变化，用各种方法进行了科学计算。其中，有一个方法是"连书万字五十二"，即10 000连乘52次。他的计算法虽然不够准确，但这是围棋史上的第一次尝试。张耒（1054—1114）在《明道杂志》中说沈括用数学计算的方式求胜是"迂"的表现。如果棋手临局时用穷尽法去下棋，当然"迂"了，因为那是不可能做到的。但是，沈括的贡献是：他将数学原理引入围棋，揭示了围棋的科学性。在当时看来，他的确显得迂腐。但在当今时代，我们发现，他是一位伟大的先行者。

《梦溪笔谈》还提到了四人下联手棋。他介绍的是取胜方法：如果四人联棋，有一个办法可以使我方确保胜利，那就是用我方棋力弱的人去对付对方棋力强的人。我方弱者先攻对方必须应的地方，这样对方的强者就必须应，而来不及攻击我方，也无法顾全大局。再以我方强者去对付对方的弱者，就可以获胜了。他的这个策略或得之孙膑帮助田忌赛马获胜的启发，但围棋实战和赛马完全不同，沈括的办法也许偶能奏效，但不会普遍奏效。到这里，可以看出，沈括的围棋水平可能不高，他的想法的确"迂"得可爱。但他的观察力和想象力告诉我们，他不是一位好棋手，而是一位当之无愧的科学家。

其三：陆九渊。

陆九渊（1139—1193），字子静，曾自号存斋象山翁，人称象山先生。他是南宋哲学家。这里为归类方便，提前介绍。在哲学上，陆九渊主张："宇宙便是吾心，吾心即是宇宙。"而宇宙的本源是太极。这一观点和邵雍的观点相似，但他总体是反对邵雍的宇宙循环理论，认为那是与孔孟学说相违背的。《宋史·陆九渊传》记载了一些关于陆九渊未卜先知的事例，有故弄玄虚之嫌，后世也难免对他加以神化。

南宋人罗大经在《鹤林玉露》里记载了这样一则故事：陆九渊年少时经常坐在临安（今浙江杭州）街头看他人下围棋，一看就是好几天。有一位棋工（以围棋谋生的棋手）对他说："你每天来看棋，想必是一位高手了，我很想请教你一局。"陆九渊说："不敢。我实在不是什么高手。"三天以后，陆九渊买了一副围棋回家。他把棋局挂起来，躺到床上仔细端详。他端详了整整两天，最后突然省悟了，说："原来这围棋是与八卦上的数字相符合的！"于是，他就去找那位棋工对局。那位棋工一连败了两局，起身说："我是临安围棋第一高手，凡是来和我下棋的，都要受先。现在你的棋下得太好了，反而可以让我先。可见，你已经天下无敌了。"陆九渊笑着走了。

经过两天思考而不经过反复实践就从不会下棋而一举成为天下无敌的棋手，应当是万万不可能的。这就好比说，唐代高僧一行看了王积薪下棋就能同国手对局一样，编这则故事的人也是想神化陆九渊，说他天资非凡。

七、东坡观棋

苏轼（1036—1101），字子瞻，眉山人，号东坡居士，宋代大文学家。苏东坡一生历经坎坷，虽然有经世之才，但始终不得意于官场。他曾多次被贬，南方、北方都去过，最后被贬到了海南岛。然而，这成就了苏轼一代文宗的地位和美名，也铸就了他豁达幽默的个性特征。他很有人格魅力。他在世的时候，就有不少人记录他的风雅趣事，广为流传，这在古人中是极为罕见的。

苏东坡会不会下围棋？这个问题历来有人讨论。说他不会下围棋的是他自己，照理说这个问题就不必讨论了，但后世有些人偏偏说他会下围棋，还说得有理有据。

据宋代彭乘的《墨客挥犀》记载："子瞻尝自言平生有三不如人，谓着棋、吃酒、唱曲也。"这也许是事实，但要看他和谁比，恐怕是比上不足，比下有余。

苏东坡写过《观棋》一诗。他在诗的序言中说："我向来不会下棋，曾一个人独自去庐山白鹤观游玩，白鹤观里的人都大白天关起门来睡觉。只听得下棋落子的声音汇于古松流水之间，心情十分愉快。我从此以后想学围棋，但始终没有弄明白。儿子苏过初通围棋，儋州

（今海南岛儋县一带）太守张中每天跟他下着玩，我也坐在旁边观看，一整天也不感到厌倦。"可见，苏东坡不是完全不会下棋，而是学过围棋，但下得不好。他能够整天看儿子和友人下棋而不知疲倦，说明他是能看懂围棋的。正因为如此，他对围棋很感兴趣，也在诗词和笔记中常提到围棋，有时更是难免亲自和别人对局。

在《观棋》中，他写下了名句"胜固欣然，败亦可喜"，多为后人引用。

他曾向张中赠诗，其中有一首是这样写的：

> 海国此奇士，官居我东邻。
> 卯酒无虚日，夜棋有达晨。

他在《春日与闲山居士小饮》中写道：

> 一杯连坐两鬓棋，数片深红入座飞。
> 十分潋滟君休赤，且看桃花好面皮。

虽说下棋、饮酒均不如人，但他还是下了、饮了，还下得开心，饮得高兴，以至写诗相谑。同样，他在《司马君实独乐园》中也写到了喝酒、下棋：

> 樽酒乐余春，棋局消长夏。
> 洛阳古多士，风俗犹尔雅。

他在笔记《东坡志林》记载了不少儒雅风趣的事，也多次提到他自己下围棋的事。

例如：

> 司空表圣诗："棋声花院闭，幡影石坛高。"吾尝游五老峰，入白鹤观，松阴满地，不见一人，惟闻棋声，然后知此句之工也。

司空表圣是唐朝末年诗人司空图（837—908），表圣是他的字。

再如：

> 南岳李岩老，好睡。众人食饱下棋，岩老辄就枕，阅数局，乃一展转云："君几局矣？"东坡曰："岩老常用四脚棋盘，只着一色黑子。昔与边韶敌手，今被陈抟饶先。着时自有输赢，着了并无一物。"

这里有两个典故。边韶，字孝先，后汉人，以文章闻名当时，教有数百名学生。有一次，边韶白天躺着睡觉，学生看见了，就私下编顺口溜讽刺他："边孝先，腹便便（pián pián）。懒读书，但欲眠。"边韶知道后，当场应对说："边是姓，孝为字。腹便便，五经笥。但欲眠，思经事。寐与周公通梦，静与孔子同意。师而可嘲，出何典记？"意思是说："我大腹便便，里面装的是学问。我光想睡觉，是思考学问的事。我睡觉是与周公通梦，静下来与孔子一起想事。老师可以嘲讽，有什么经典依据？"边韶诙谐地回敬了学生，学生反倒觉得对老师不礼貌，不好意思了。这则故事出自《后汉书·边韶传》。

陈抟，字图南，生于唐末，卒于公元989年。五代十国时期，陈抟隐居武当山，据说曾服气辟谷20余年，有长生术。宋太宗很敬重他，赐号"希夷先生"。《宋史》有陈抟传。后世以为陈抟是神仙，称为"陈抟老祖"。苏东坡用这两个典故和李岩老开玩笑。

《东坡志林》还写到，张怀民和张昌言二人下围棋赌仆人，并写出一张字据，胜者可以得到仆人，输的要出五百钱请客。

前面讲过下围棋赌别墅、赌钱、赌酒、赌诗的，这是第一次听说下围棋赌人。

八、文士棋闻

这里要介绍三个宋代下围棋的人的趣闻。

其一：郑侠。

郑侠（1041—1119），字介夫，《宋史》有传。他少年时代刻苦好学，颇受王安石的赏识和鼓励。考中进士后，郑侠又得到王安石的提携和重用。郑侠对此心存感激，每思报答。但后来王安石变法，郑侠有不同看法，他给王安石提意见，王安石不听，郑侠也坚持自己的意见。后因天灾，流民失所，苦不堪言，郑侠上书宋神宗皇帝，导致王安石被罢官。但郑侠又因弹劾新任宰相而遭到贬谪。后来，郑侠又被两度起用，两度被贬。

据陆游的《渭南文集》记载：郑侠晚年不做官，居住在乡下，自称"一拂居士"，过着简朴的生活。他喜欢喝酒，又喜欢下围棋。他时常拉着客人下围棋，如果客人不会下，他就让客人坐在一边看，他自己和自己下。每当这个时候，他就左手执白棋右手执黑棋，下得十分严肃认真，就像真的遇上了对手一样。如果白棋胜了，他就用左手斟酒，用右手端起来喝；如果黑棋胜了，他就用右手斟酒，左手端起来喝。据说，他20年如一日，一直这样做。

宋代许多文人都与诗、酒、棋相伴，郑侠也是如此。他作有《观孔义甫与谢致仕诗有感》一首，其中写道："宾来酒一杯，兴来棋一局。"郑侠还作有五言诗《观棋》，开首写道：

三百六十路，通精此有门。

数奇藏日月，机发动乾坤。

这两联诗说的是，围棋之学，博大精深。最后，他又写道：

坐观成败者，安得不惊魂！

看棋的人和下棋的人一样紧张，当看到棋盘上的胜负大战时，也一样感到惊心动魄。

其二：孔平仲。

孔平仲，字义甫，生卒年不详，约与郑侠同时代。他也是个棋迷，可能还经常赢棋。他有个癖好，一赢棋就作诗，而且赢一个子有一个子的说法，赢两个子有两个子的说法，赢十三个子有十三个子的说法。一方面自鸣得意，另一方面嘲笑对手，甚至挖苦对手。这在围棋史上十分少见。

他在《一胜篇》中写道：

> 我与承君棋，结局赢一路。
> 太多亦何用，停则无胜负。
> 天清与地宁，妙绝占此数。
> …………

他在赢两个子后又写有《再胜篇》，其中写道：

> 再胜路几许，非一亦非三。
> 大雅连小雅，周南兼召南。

《大雅》和《小雅》是《诗经》中"风""雅""颂"三大类诗歌中属于"雅"的两小类，《周南》和《召南》是《诗经》中"风"类最前面两小类。孔仲平的目的就是要千方百计、不失风雅地表现"二"这个数字。

其三：朱服。

朱服，字行中，《宋史》有传。宋神宗熙宁年间（1068—1077）中科举甲科进士，约卒于1102年。朱服仕途很不平坦，多次因莫名其妙的小事被告状而遭到贬官。例如：1094年，宋哲宗改元绍圣，派朱服出使辽国。其间，其母去世，朱服回国居丧。湖州太守告了他一状，说他居丧期间离开供桌，单独待在其他房间，朱服因此被贬官。后来，宋哲宗驾崩，宋徽宗即位，朱服刚复官两个多月，又有人告他，说他在宋哲宗去世时写过诗，其中有一句是"孤臣正泣龙髯草"，他又被贬官。前者大约说他不孝，后者大约说他不敬。然而，不久又有人告他，说他在这期间和苏轼有过来往，朱服又被贬官。遭遇一贬再贬，朱服最终没有扛过去，去世了。

九、山谷道人

黄庭坚（1045—1105），字鲁直，号山谷道人，江西洪州分宁（今江西修水）人，《宋史》有传。黄庭坚是一位极有才能的文学家，他的文章、诗词极受苏轼推崇，被认为"超逸绝尘，独立万物之表，世久无此作"。黄庭坚与张耒、晁补之、秦观均出于苏轼门下，被称为"苏门四学士"。黄庭坚的诗效法杜甫，并在此基础上开创了"江西诗派"。时人将他与苏轼并称"苏黄"。他的书法也自成一家，楷、行、草均佳。

黄庭坚在21岁那年写过一首七律——《观叔祖少卿弈棋》，其中前四句是：

世上滔滔声利间，独凭棋局老青山。
心游万里不知远，身与一山相对闲。

这诗写得的确老到，表现出一股超然之气，难怪苏轼说他的诗文

"超逸绝尘，独立万物之表"。

黄庭坚有不少关于围棋的美妙诗句。例如《慈孝寺饯之敦席上奉同孔经父八韵》中的两句：

晴云浮茗椀，飞雹落文楸。

第一句，晴天白云，两碗清茶，营造出明快宁静的气氛。第二句，棋子如冰雹飞落纹枰，叮叮有声，营造出棋盘上疾风暴雨般的战斗气氛。前后两句不仅文字上对仗工整，氛围也截然相对。

再如《赠赵言》中的两句：

白云劝酒终日醉，红烛围棋清夜深。

虽然还是棋和酒，但黄庭坚写得格外精彩，别有意境：白天终日沉醉，夜晚倒分外清醒。

黄庭坚的《弈棋二首呈任公渐》历代受到好评。

其一：

偶无公事负朝暄，三百枯棋共一樽。
坐隐不知岩穴乐，手谈胜与俗人言。
簿书堆积尘生案，车马淹留客在门。
战胜将骄疑必败，果然终取敌兵翻。

　　虽然人们对此诗评价甚高，但笔者总觉得读来不如唐诗那么容易上口。在这首诗里，最精彩的是"坐隐不知岩穴乐，手谈胜与俗人言"两句。关于"坐隐"和"手谈"的典故前面已经讲过，不必再说。"岩穴"即山洞，主要指道士、隐士，乃至仙人的居所。这两句是黄庭坚对唐代元稹的诗句"此中无限兴，唯怕俗人知"的改写。

　　其二：

　　　　偶无公事客休时，席上谈兵校两棋。
　　　　心似蛛丝游碧落，身如蜩甲化枯枝。
　　　　湘东一目诚甘死，天下中分尚可持。
　　　　谁谓吾徒犹爱日，参横月落不曾知。

　　这一首比上一首写得好，最妙的句子仍为颔联两句。其中，"蛛丝"、"碧落"、"蜩甲"（蝉蜕）、"枯枝"，都是古人用过的词，不是什么严格意义上的典故。关键是这两句给人一种下棋的超远境界：心思如蛛丝般细微，在万里碧空之间游弋，给人一种缥缈虚无之感；身体像蝉蜕一般僵化，附着在枯枝之上，给人以凝重停滞之感。前者说的是空间，后者说的是时间。颈联中的"湘东一目"典出《南史·梁本纪下·元帝传》：梁元帝萧绎为梁武帝第七子，生而独眼，曾被封为湘东王。此指围棋一只眼不活。这两句说的是棋盘上的情况，也是空间。最后两句又说时间，"参横"指深夜，"月落"指清晨。棋内棋外，身心互现，时空交错，表现了诗人对围棋的特殊感觉和深刻理解。

十、饶天下先

宋朝最著名的棋手是刘仲甫（**字甫之**）。他是江西人，曾在宋神宗、宋哲宗和宋徽宗时期当过棋待诏。

宋代人何薳的《春渚纪闻》里说了一件有趣的事：

在刘仲甫还没有成名的时候，他要进京去应聘棋官。在进京的路上，他折向钱塘，在一个客栈住下，每天上街，到半夜才回来敲门，客栈栈主很不理解。忽然有一天，刘仲甫早晨起来就在门前悬挂起一面旗子，上面写着："江南棋客刘仲甫，奉饶天下棋先。"意思是说，他与天下所有的棋手下棋都让先。刘仲甫还拿出银盆、银酒具、银子等，合白银300两，说如果下败了，就把这些付给对手。不久，前来看热闹的人就围得水泄不通了。这件事很快就传到一些好事的人那里去了。当地一些有钱人就把那里棋下得好的人召集起来，选出一名棋品最高的人，在城北紫霄宫和刘仲甫对局，这些人也拿出与刘仲甫数量相等的银子作为赌注。二人下到五十几个子的时候，大家觉得白方形势不利。再下到一百来个子时，那个与刘仲甫对局的人也觉得自己要胜了，他很得意地责备刘仲甫口出狂言，说："现在局势已经分明了，黑子一定要赢了。"刘仲甫说："还没有。"二人又下了二十来个子，刘仲甫突然把棋盘上的子全都收拾起来。围观的人一起叫喊起来："你这是输了想赖账吗？"刘仲甫很从容地对观众说："我刘仲甫是江南人，从小就喜欢下围棋。忽然有一天，我似乎明白了围棋的道理，于是为人们所推崇、赞誉，以至成为国手。最近一年来，我又被人们屡次极力劝说，不得已才想到京城去做翰林院棋官。但是，我想到钱塘这个地方是座大城市，有许多高明的人都精通围棋，下棋的人都认为这里是一关。我的棋艺如果能在这里取得小小的胜利，就算是过了关，就可以继续往京城前进了。我住在这里已经10多天了，每天都会见一些高手，同他们下棋，已经知道他们的水平了，才敢挂出这面旗子来，这并不是狂妄自大。例如：有一次，我执黑棋，白棋本来要大胜，但应错了一个子，导致失败。还有一次，我执白棋，黑棋本来可以取胜，因为一个劫没打好，也失败了。"刘仲甫边说边复局，一共讲解了10多局，观众都从心里感到惊奇。接着，刘仲甫又把刚才下过的棋重新摆了出来，对观众说："这一局，照大家的看法，黑棋肯定是要胜的，似乎局势已经明朗了。但是，照我看，有一步棋很关键，白棋最后能胜10多个子。但是，我不立即下出这一步，在座的各位可以好好想一想，如果有谁能看出这一步，我刘仲甫立即带着妻子儿女回老家去，这辈子不敢再提下棋。"于是，在场的棋手都挖空心思地思考起来，但想了很久也没有想出这步棋应当怎样走。无奈，大家只好请刘仲甫来讲解。刘仲甫在一个似乎是无关紧要的地方下了一个子，大家更加不理解了。刘仲甫说："这一着，再下20个子以后才能显示出它的作用。"接着，刘仲甫便把剩下的棋下完。果然，又下20个子时遇到了刚才那个子，整个局势大变。最后数子的时候，白棋果然赢了13个子。观众这才佩服刘仲甫的棋艺高明，便把输的一方准备好的银子都给了刘仲甫，并且请刘仲甫多住了十来天，很好地款待了他，最后又备了厚礼作为盘缠送刘仲甫上路。

刘仲甫到京城后，当上了棋官，独霸棋坛达20余年。

刘仲甫之前、之后都有一些棋待诏，但他们都没有他的名气大，也没有他的故事多。

何薳的《春渚纪闻》还记载着这样一则故事：

绍圣初年，一位名叫祝不疑的人因事来到京城礼部衙门。他有一个同乡在那里，同乡拉着祝不疑到礼部衙内的院子里同围棋国手下棋。当时，围棋国手刘仲甫也在场。众人知道祝不疑围棋下得好，就让他同刘仲甫对局。刘仲甫不认识祝不疑，当祝不疑要求他让子时，他说："凡是到这里来的都是高手，要下棋只能要求对方让先。"祝不疑只好受先。下完棋，祝不疑输了三目，他说："这回可以让子了吧？"刘仲甫说："我看了你的棋，如果像一开始那么下，我是不能取胜的，但你没有把棋艺都显露出来。如果像开始那么下，你甚至可以让我5个子，岂止让先呢？"祝不疑笑而不答。二人又对一局，这回是祝不疑让先。刚下了三十几个子，刘仲甫就不下了，拱手说："能否请教您的尊姓大名和乡里呢？"旁边的人抢着说："这位是信州（今江西上饶）人李子明。"刘仲甫说："我棋艺不高，勉强成为棋待诏，虽然不离开京城，但对天下有名的棋手都有所耳闻。近年只听说衢州（今浙江衢县）有一位祝不疑前辈，品位和名声都很高。听说这位前辈今年秋天要到京城来，您莫非就是祝先生了？"这时，人们才说了实话。刘仲甫又说："我今天正好有客人聚会，下不完这盘棋了。有空我一定去您的住处拜访，再请教棋艺。"后来，刘仲甫虽然多次拜访过祝不疑，但始终不再提下围棋的事。他大概知道自己下不过祝不疑，怕有损他的声誉。

据元朝严德甫等人写的《玄玄棋经》：元祐九年（1094）正月初十，刘仲甫、王珏、杨中和、孙侁（shēn）四人曾共下一局棋。当时，他们四人相会在彭城一家客栈的楼上，即兴摆好棋盘，分为两方：杨中和与王珏一方，执黑；刘仲甫与孙侁一方，执白。白棋让先。双方共下了250个子，白棋胜一目。

我们前面说过，沈括曾提出四人联手下棋取胜的办法，说明宋代的确有四人联手下棋的情况，不然，沈括不会凭空提出这样的方法。刘仲甫、王珏等四人联棋，发生在沈括去世前一年，证明沈括的想法不是没有来由的。

十一、仲甫成仙

清代纪昀的《阅微草堂笔记》记载有一则故事，说的是刘仲甫显灵的故事，虽涉荒诞，但不无教益，也说明刘仲甫影响之大。

故事是这样的：

有一天，有人在扶乩请仙①。乩仙降临了，署名为刘仲甫。当时，在场的人都不知道刘仲甫是什么神仙，有一个围棋国手也在场，只有他知道，说："他是南宋时的围棋国手，著有《棋诀》四篇。"于是，人们请求乩仙刘仲甫同这位清朝的国手下盘棋。乩仙刘仲甫说："如果下棋，我一定输。"大家坚持要他下，他就同意了。下的结果，乩

---

① 扶乩是一种迷信活动，做法是：事先准备好沙土之类的东西和一个笔状物，然后经过一定的祈祷仪式，"仙人"就降临了。乩仙降临后并不显现身形，只是在沙土上画出一些字，算是他要说的话。

仙刘仲甫果然输了半个子。众人说："大仙太谦虚、太客气了，是不是有意鼓励后人，让后人成名呢？"乩仙说："不是。后人在什么事情上都不如古人，只有在天文历法和围棋方面胜过古人。可以说，在古人已达到的水平上又进一步刻苦钻研，所以能百尺竿头——更进一步。我这里说的是天文历法，而不是围棋。后世的道德水平下降，人心变得狡诈，互相倾轧攻击，把人们变得很懂计谋。各种计谋千变万化，甚至能把事情都做绝了。古人不肯做的事，今人肯做；古人不敢冒的险，今人敢冒；古人不忍心做的事，今人忍心去做。所以，在对待世事和运用心计方面，今天的人都比古代人高明。下围棋需要运用心计，宋代和元代的国手比起明代的国手来已经差了一路，而比起清代的国手则差一路半了。不过，古代的国手再输也不过输一路罢了，而今天的国手有时一输就输两路、三路，这就是踏实和不踏实的区别了。"众人问："下围棋难道没有常胜的办法吗？"乩仙回答说："没有常胜的办法，但有常不败的办法，不下棋可以常不败。我平时的根基还可以，能够成为一个小小的鬼仙，身居人世以外，丝毫没有追名逐利的思想，只是逢场作戏，胜败对我都没有什么关系。而你们这些人，都属于当局者，都在竞争，都在考虑得失成败。希望你们还是谨慎为妙。"在场的人中，有些是很有经历的人，听了这番话，十分感慨。

在这则故事中，作者纪昀通过乩仙刘仲甫的口影射和批评了时事，表示了对某些社会现象的不满，并警告当局者谨慎行事。这在今天也是富有教益的。

十二、宗泽退兵

宗泽，字汝霖，婺州义乌（今浙江义乌）人，《宋史》有传。宗泽自幼豪爽而有大志。元祐六年（1091）进士。他从基层小官做起，成绩突出，缓慢升迁。靖康元年（1126），北方金人不断南侵，次年俘虏宋徽宗赵佶（jí）（1082—1135）和宋钦宗赵桓（1100—1161）北上。康王赵构（1107—1187）为宋徽宗第九子，称帝于南京（今河南商丘），是为宋高宗。在此期间，宗泽一直抗金，并不断取得胜利，为南宋的建立立下了汗马功劳。他为稳定军心、民心，劝宋高宗回到汴京（今河南开封）。他知人善任，提拔岳飞抗金。但是，宋高宗本人及其周围的一些投降派不听从宗泽的建议。

据《宋史·宗泽传》记载：建炎元年（1127）冬，金兀术率金兵渡过黄河，逼近汴京。宗泽指挥军队严密防守，金军遁去。次年，金军又直逼汴京，都城里的人都十分惊慌。当时，宗泽正在和别人下围棋，他的下属官员问他该怎么办。宗泽笑着说："这有什么好惊慌的？大将刘衍在前方，他一定能打退金兵。"于是，宗泽又选派了数千精兵，让他们绕到金兵的背后埋伏起来，伺机出击。金兵在和刘衍所率军队作战时，后面的伏兵突然发起攻击。金兵遭到前后夹击，大败。

宗泽弈棋破金兵，让我们想起晋代谢安下围棋指挥淝水之战的故事。宗泽作为一代名将，临战围棋，指挥若定，安定军心、民心，说明围棋的确有镇定作用，这是围棋的魅力之一。

十三、南宋棋待诏

抗金英雄岳飞在《满江红》里写道：

> 靖康耻，犹未雪；臣子恨，何时灭？

但是，宋高宗没有这种情感。绍兴八年（1138）定都临安以后，他偏安江南，纵情琴棋书画，不仅不思洗雪国耻，反而迫害忠良。不过，围棋在南宋时期没有停止发展，朝廷不仅设有棋待诏，民间也有以棋谋生的"棋工"。

据王明清的《挥麈（zhǔ）余话》记载：沈之才是宋高宗赵构时期的棋待诏。有一次，他在宫里和人下棋，宋高宗在一旁观看。宋高宗提醒沈之才说："一定要小心。"沈之才正下得扬扬得意，就顺口说了一句古书上的话："念兹在兹。"意思是，他知道了。谁知这句话竟把宋高宗惹得大怒，说："你一个凭技艺吃饭的小人物，竟敢在我面前引经据典？"宋高宗命人打了沈之才20竹板，并把他赶出了官廷。

俗话说："伴君如伴虎。"在专制社会里，专业围棋手当上棋待诏，似乎是最高荣誉了，但他们也在提心吊胆地过日子。

据宋代叶绍翁的《四朝闻见录》记载：高宗时，吴郡王时常向皇帝推荐有特殊才能的人。因为这些人是吴郡王推荐的，皇上往往予以召见。一次，吴郡王偶然结识了一个关西（现陕西）人，此人擅长下围棋，长得短小精悍。吴郡王找来了几个围棋国手同关西人下棋，关西人都赢了。有一天，吴郡王陪皇上下棋，趁机向皇上谈起了关西人。皇上命令关西人第二天到宫廷同围棋国手下棋。当晚，将要同关西人对局的国手找到关西人，请他喝酒。席间，那个国手又领来了一个漂亮姑娘，对关西人说："这孩子是我的女儿，我打算把她嫁给你为妻。明天我们要在皇上面前下棋，你得让我这个老丈人先赢第一局，我再让你这个女婿赢第二局。我们今后都在皇上身边下棋，这不是很好吗？要知道，我是不会轻易把女儿许配给别人的。"其实，这个棋手根本没有女儿，那个漂亮姑娘是他临时从教坊里找来的歌舞伎，但关西人是个直心眼的老实人，他哪里知道这是诡计，就高高兴兴地答应了。第二天，关西人和国手在皇宫里对局，皇上和吴郡王都在一旁观战。关西人因为有言在先，故意让国手赢了第一局。谁知皇上看到这里立即站起身不再看了，要和吴郡王喝酒，并对吴郡王说："你看，这个人毕竟是个圈子以外的人，怎么能下过国手呢？"关西人十分狼狈地走出了宫廷，知道自己上了国手的当。为了这件事，关西人大生闷气，茶饭不思，不久就病死了。

关西人年富力强，棋艺高，本来前途无量，竟因为这件事命丧黄泉，实在可悲可叹。但反过来说，那个国手为了取胜玩弄阴谋诡计，坑害老实人，不也卑鄙无耻吗？

十四、廿朋两范

王十朋（1112—1171），字龟龄，温州乐清人，《宋史》有传。宋高宗绍兴年间，王十朋考中进士。为地方官期间，他深受百姓爱戴。做官之余，他教书弈棋，晚年喜欢更甚。他曾写过一首名为《弈棋》的诗，首联就写道：

光景老尤惜，忍销枰弈间。

有趣的是，当时有一个姓赵的人也叫十朋，也喜欢下棋和作诗。赵十朋的一首绝句写道：

四枚豚犬教知书，二顷良田尽有余。
鲁酒三杯棋一局，客来浑不问亲疏。

赵十朋这首诗的意思是：他自己有4个孩子，他都教他们读书；家有两顷良田，吃穿有余。这是说家境。而赵十朋自己，则饮酒、下棋，只要有客人来，不管远亲还是近朋，一律一起饮酒、弈棋。

也许是同名的缘故，王十朋对此很感兴趣，也特地写了一首绝句：

薄有良田种斗升，两儿传授读书灯。
客来一局三杯酒，王十朋如赵十朋。

范端臣，字元卿，宋高宗绍兴年间的进士，官至中书舍人。南宋学者洪迈在他的笔记《夷坚志》中说范元卿"以棋品著声于士大夫间"。

范元卿和弟弟范端智都擅长围棋，兄弟俩的水平差不多，但范端智一生庸庸碌碌，只是在杨太傅府上当一名门客。杨太傅经常带着范端智到自己的后堂同他的姬妾下棋。每次下棋，杨太傅都出些赌注，钱不太多，但范端智总是赢。有一天，杨太傅对范端智说："听说你家里很穷，赢的那点儿钱解决不了大问题。这样吧，明天你同我的妾下一局棋，我出3000缗（贯）金币的赌注，你要是赢了，你家就可以一举成为小康之家。"范端智一听，高兴极了，当即拜谢杨太傅。回到住处后，范端智过于激动，一夜都没睡着觉。同他一起寄居在那里的几个人看到这种情况，私下议论说："范端智这个人其貌不扬，不像有福人的骨相，恐怕不能发这笔横财。"第二天，范端智早早地来见杨太傅，杨太傅遵守诺言，让他同一个妾下棋。范端智的棋本来已经赢了，但他想获大胜，走了一步无理棋，结果形势大变，由胜转败，范端智只好空着手出来了。

这则故事告诉我们，宋代像杨太傅这样的富豪之家常以围棋为乐，其女眷会下围棋的大有人在，而且他们也养有会下围棋的门客。

十五、野战自得

宋代曾敏行《独醒杂志》载：胡卓明，南宋江西人。胡卓明还没有出生时，他的祖父和父亲都爱下围棋，每天都有客人找上门来下棋。一天傍晚，胡卓明的母亲正在睡觉，突然吓醒，坐了起来。问她怎么了，她说："我梦见自己吃下去一个棋子。"当时，家里人以为这是因为她白天总是见到围棋，夜里梦见棋子没有什么值得大惊小怪的。不久，她就生下了胡卓明。

胡卓明七八岁时，有一天，他爷爷和客人下棋，输了。他就站在一边用手指着一个棋子说："爷爷，就是因为这一步走错了，你才输了。"他爷爷本来就因为输了棋不高兴，见他在一边指手画脚，就斥责他说："你小子知道什么！"可是，当他重新摆这局棋时，胡卓明走了几手，果然可以取胜，他爷爷十分惊奇。从此，他就和爷爷对局。开始布局时，他的棋似乎下得没有什么道理，可是到后来，这些子就起了大作用。连下了几天，他就可以和爷爷抗衡了。到十几岁时，胡卓明就远近闻名了，各地会下棋的人都来找他切磋棋艺。有一天，朋友来找胡卓明，说有一位客人擅长围棋，要与他对局。胡卓明去了，连胜客人好几局。客人十分感慨地说："胡秀才的棋是野战杀出来的，而我学棋始终是按老规矩走，所以我总是不能取胜。"

十六、爱国棋人

南宋有两位非常著名的爱国诗人：陆游和文天祥。他们同时也是围棋爱好者。

其一：陆游。

陆游（1125—1209），字务观，山阴人（今浙江绍兴），自号放翁，《宋史》有传。他的诗颇多豪放警句，如："楼船夜雪瓜州渡，铁马秋风大散关。""壮志未与年俱老，死去犹能作鬼雄。"而他在去世前夕写的诗《示儿》更是家喻户晓："死去原知万事空，但悲不见九州同。王师北定中原日，家祭无忘告乃翁。"但他也有几十首诗提到了围棋。这里只引他的两首专写围棋的诗。

观棋

一枰翻覆战枯棋，庆吊相寻喜复悲。

失马翁言良可信，牧猪奴戏未妨为。

白蛇断处真成快，黑帜空时又一奇。

敛付两查来对酒，泠泠听我诵新诗。

在这首诗中，"失马翁言"说的是"塞翁失马，焉知非福"的典故，指下围棋不一定是坏事。"牧猪奴戏"是晋代陶侃反对下围棋一类赌输赢的游戏，认为是放猪娃子玩的勾当。颔联的意思是，虽然古人曾把下围棋看作下贱勾当，但玩玩又有何妨？尾联中的"泠泠（líng líng）"，形容朗诵诗歌的声音清脆动听。

夏日北榭赋诗弈棋欣然有作

异事严州省见稀，幅巾阑角立多时。

青林白鸟自成画，急雨好风当有诗。

酷信医方逢酒怯，强驱吏牍坐衙迟。

悠然笑向山僧说，又得浮生一局棋。

宋孝宗淳熙十四年（1187），陆游被起用为严州（今浙江建德市）知州。临行前，陆游面见皇上，宋孝宗对他说："严州是个山好水好的地方，公事之余，你可以作作诗文，调节一下心情。"那年夏天，陆游登上千峰榭（今杭州千岛湖附近），觉得见亲友的机会少了，陪同他的只有山里的僧人，面对美好如画的景色，他要作诗。于是，他向陪他下棋的山僧悠然一笑，诉说起人生的感慨。这位爱国志士，空有报国热血，至死不忘收复失地、北定中原，面对围棋，他真的欣然，真的悠然吗？

其二：文天祥。

文天祥（1236—1283），字宋瑞，一字履善，号文山，江西吉安人。南宋末年大臣，官至右丞相，《宋史》有传。元军南侵，文天祥率军抵抗，直至被俘，宁死不屈，慷慨就义。而文天祥手下许多将士也在他被俘后英勇就义。《宋史·忠义九》就记载了这样一批爱国将士的英名，并附有他们的小传。

文天祥也爱好围棋。《宋史·忠义九·刘沐传》载："刘沐，字渊伯，庐陵人。文天祥邻曲也，少相狎暱，天祥好弈，与沐对弈，穷思忘日夜以为常。"

文天祥曾写过数首关于围棋的诗。在《又送前人书画四首》中，他写道：

纷纷玄白方龙战，世事从他一局棋。

这两句诗表现了文天祥对动乱局势的担忧。在《赣州再赠》一诗中，他写道：

众人皆醉从教酒，独我无争且看棋。

这两句诗让我们联想起屈原的《离骚》。屈原生活在战国末期，当时楚国处在生死存亡的关头，屈原不得重用，反被放逐，他"形容憔悴，行吟泽畔"，觉得"众人皆醉我独醒"。而当宋朝面临覆亡的时候，文天祥也感到众人皆醉，而且醉得疯狂，唯有他还在清醒地审时度势。他不是在看棋，而是在看国家的大势。元军席卷而来的时候，他奋起抗击，直到就义。"人生自古谁无死，留取丹心照汗青。"他的浩气长存，精神永在。

十七、楼钥诗资

楼钥（1137—1213），字大防，明州鄞（yín）县（今浙江鄞州区）人，隆兴元年（1163）进士，《宋史》有传。楼钥很有文学才能，他做过教官，当过翰林学士，最高当到参知政事（宋代最高政务长官之一）。

楼钥退休以后，与友人来往，常借助围棋。他有三首诗写到棋社。可见，当时民间有自发组织起来的围棋组织。

其一，《坚郑贵温棋社》：

> 二公休致我来归，尽可同裁隐士衣。
> 此已屡谋登竹所，君其无吝造城扉。
> 人间厌见手翻覆，乐处但当颐指挥。
> 凉气一新宜近酒，盍簪莫似向来稀。

两位友人已经退休，而且办起了棋社，现在我楼钥也退休了，早就想要来参加棋社的活动。人间那种翻手为云覆手为雨的事情见得多了，还是在这种快乐的场所自由自在。天气凉爽清新，很适合饮酒，大家聚会要隆重一些，精神一些，不要像个古稀之人那样老态龙钟。"盍簪"的意思是"整理好衣冠"。

其二，《棋会》写道：

> 归来乡曲大家闲，同社仍欣取友端。
>
> 无事衔杯何不可，有时会面亦良难。
>
> 少曾环坐坐长满，赖有主盟盟未寒。
>
> 琴弈相寻诗间作，笑谈终日有余欢。

退休返乡，大家都很悠闲，同棋社来会会朋友不是很高兴的事情吗？无事喝杯酒没有什么不好的，但平时大家见面也不容易。多亏棋社的盟主热心肠，让大家满满当当地坐在一起。弹琴、下棋，间或作诗，谈笑风生，一整天过得很快乐。

楼钥第三首写到围棋的诗，也具有围棋史价值：

织锦棋盘

> 锦城巧女费心机，织就一枰如许齐。
>
> 仿佛回文仍具体，纵横方罫若分畦。
>
> 烂柯未易供仙弈，画纸何须倩老妻。
>
> 如欲拈棋轻且称，当求白象与乌犀。

"锦城"指成都。"回文"典出《晋书·列女传》："窦滔妻苏氏，始平人也，名蕙，字若兰。善属文。滔，苻坚时为秦州刺史，被徙流沙，苏氏思之，织锦为回文旋图诗以赠滔。宛转循环以读之，词甚凄婉，凡八百四十字，文多不录。""烂柯"为常用典故，"画纸"一词典出杜甫诗，前面已经说过。"白象"指象牙做的白色棋子，"乌犀"指犀牛角做的黑色棋子。

十八、妇女之弈

妇女弈棋，不是从宋代开始的。中国最早见于记载的女棋手是南北朝宋明帝时期的东阳女子娄逞，她善于围棋又精于文字，女扮男装出来做官。后世的杨贵妃、花蕊夫人等也善于围棋。宋代以后，相关记载陡然增多，主要原因是宋代围棋空前普及，上自宫廷，下至村野，弈棋者日众。而妇女弈棋则主要流行于帝王后宫和富家闺阁。

宋代后宫和富家闺阁的女眷下围棋很普及。北宋末年，宋徽宗曾作诗描绘后宫女眷下围棋的情景。

他的《宫词》写道：

> 忘忧清乐在枰棋，仙子精工岁未笄。
> 窗下每将图局按，恐防宣诏较高低。

"笄（jī）"为发簪，古人为年满15岁女子行成年礼，用簪子将她们的头发挽起，称为"及笄"。"仙子"指那些美丽的宫女。这首诗是说，宫女尚未行成年礼，而弈棋技艺已经精湛；她们经常在窗下打谱钻研，为的是随时准备应皇上召唤到御前参加围棋比赛。

宋徽宗的《宣和宫词》中还有一首关于围棋的诗：

新样梳妆巧画眉，窄衣纤体最相宜。
一时趋向多情逸，小阁幽窗静弈棋。

这首诗告诉我们，"仙子"梳妆打扮是不断变换花样的，她们身材苗条，穿着紧身衣裙，在小阁幽窗之下安静地下棋，代表着当时的风尚和情调。

这是北宋末年的宫中情况，而市井也有青楼女子善于围棋。如《李师师外传》记载：宋徽宗曾与李师师下围棋，并赐给她玉棋盘和玉棋子。

南宋时期，宋高宗的宫廷有棋童，周密的《武林旧事》就有记载。棋童往往有男有女。据南宋洪巽（xùn）的《旸谷漫录》记载：当时，京城中下等人家喜欢生女孩儿。当她们即将成年之际，教给她们一些技艺，很容易被士大夫家选中。她们的营生之一就是当棋童。可是，当棋童并不容易。明代人瞿佑的《剪灯新话》中有一则故事——《绿衣人传》，说的是南宋末年权奸贾似道（1213—1275）府上就有良家女孩儿当棋童。这虽然是一则神怪故事，但也反映了一些历史事实。

南宋刘镇有一首名为《八岁女善棋》的诗：

慧黠过男子，娇痴语未真。

无心防敌手，有意恼诗人。

得路逢师笑，输机怕父嗔。

汝还知世事，一局一回新。

一个8岁女童，棋艺已经很高，大人往往被其年幼迷惑，一不小心就会在棋盘上吃亏。

绍兴三十二年（1162），宋高宗禅位于皇太子赵昚，是为宋孝宗。宋高宗做了太上皇，宋孝宗就特地为他安排了一位女棋待诏。据《武林旧事》记载：这位女国手名叫沈姑姑，是经过筛选才崭露头角的。女棋待诏的设立，在中国历史上恐怕是空前绝后的。

北宋时期，契丹人在北方建立了辽国，相关文字记载和出土文物证明，辽国人当中曾有围棋流行。后来，女真首领完颜阿骨打（1068—1123）于1115年建立金国。10年后，金人灭辽。此后，中国历史上出现了南宋北金两个政权并立的局面。在此期间，金国统治者向一些汉儒学习了中原文化，其中就有围棋、象棋、茶道等。当时，不仅金国宗室、后宫下围棋成风，大臣中也有许多善于围棋的。《金史》有传的金末翰林学士王若虚（？—1234）写过一首诗——《宫女围棋图》，反映的是金朝妇女弈棋的场景：

尽日羊车不见过，春来雨露向谁多？

争机决胜元无事，永日消磨不奈何。

"羊车"典出《晋书·胡贵嫔传》：晋武帝后宫中有很多宫女，他都宠爱，不知道去谁那里好，就经常坐上羊车，羊拉到谁门口，他就和谁一起用餐。王若虚的这首诗大抵是根据一幅画写的，反映的是金朝宫女的生活，说她们得不到皇帝的宠幸，只好靠下棋度日。

十九、村童娶亲

关于金朝妇女下围棋，还有一个有趣的传奇故事。那就是洪迈《夷坚志》中的故事《蔡州小道人》：

蔡州（今河南汝阳）有一个村童，善于下围棋，四里八村的没有对手。这个村童长大了，父母想给他娶媳妇，他极力反对，说："我们家门户低下，要娶媳妇也就是娶个农家女，我可不愿意。儿子我有技艺，凭借这个出外闯荡，会遇上心仪的女子，我这辈子的愿望就会实现了。"

于是，这孩子就穿上了金人的服装，自称"小道人"，先到开封府，然后经过太原府、真定府（今河北正定），一路上偷偷看别人下棋，觉得没有人能胜过他，便奋然来到燕京（今北京）。

燕京是金朝的中都，而当地的围棋国手是一名女子，叫作"妙观道人"。村童连日去妙观的棋社观看，见到有下错的棋，一定要指出来。妙观怕被人笑话，命其他少年将"小道人"拦在外面，不让他进去看棋。"小道人"愤愤不平，就在妙观棋社对面租下房子，挂了招牌，上面写着："汝南小道人手谈，奉饶天下最高手一先。"妙观看了更加生气，但考虑到他的棋艺比自己高，不敢亲自前去与他一决胜负，就选弟子中最强的张生前去试探。

"小道人"让张生一先，张生不敌，让至三个子，张生仍然不是对手。张生回来对妙观说："那个人棋艺甚高，恐怕老师你也得躲避。"

过了不久，当地的好事者都知道"小道人"了，想挑动他和妙观二人较量一番，就凑集了20万钱作为赌注，约定某日在寺院的僧人住处比赛。这样，妙观为了保存体面，就通过他人去传话，向"小道人"提出请求："按照规矩，比赛是三战两胜，希望你给我面子，少赢我两局，我会在20万钱之外再多给你5万作为酬谢。""小道人"对传话的人说："我的口袋里不缺钱，我不是为了钱来的，我是爱慕她的美貌。如果她能和我结成夫妻，我就答应她。"妙观不得已，答应了"小道人"的条件。

二人对局那天，5局下来，"小道人"果然输给妙观两局。下完棋，妙观只是把钱给了"小道人"，而不满足他别的要求。

之后，正好有金国宗室王公贵族设宴聚会，找来"小道人"一起下棋游戏。他们问"小道人"，他和妙观谁的棋下得好。"小道人"说："这个女人的棋本来很差，此前我是故意让了她两局。"于是，王公贵族把妙观也叫来，让他们俩当场赌一局。"小道人"从怀里掏出5两金子，说："可以赌这个。"妙观说自己没有金子，不能赌。"小道人"连忙拱手向在座的人说："如果她胜了，我的金子都归她。如果我赢了，我要求娶她为妻。"在座的人全部大声笑了起来，异口同声地叫好，表示赞成。这让妙观又害羞又尴尬，下棋时也失去了章法，连连失败。

二人下完之后，妙观离去，仍然不执行约定。最后，"小道人"

一纸诉状把妙观告到了燕京府衙，并找来当时在场的诸王做证，打赢了官司，最终得以娶妙观为妻，实现了他最初的愿望。

这虽然是一则传奇故事，但透露了金朝时期中国北方围棋活动普及的信息。需要说明的是，"小道人"也好，"妙观道人"也好，都不能被一口咬定为道家信徒。因为魏晋以来，直到两宋时期，人们时常把僧人或佛教徒也称为道人。洪迈本人就曾称呼佛僧为道人。在这则故事中，对弈二人被安排在僧舍会棋，就能说明这个问题。

二十、佛道之弈

宋代僧人和道士下围棋的较多，我们可以从陆游的诗中看出些端倪。陆游的诗《山行过僧庵》中有"茶炉烟起知高兴，棋子声疏识苦心"的句子，写的是山中寺庙里僧人下围棋的情形。他在《秋夕》中说："频约僧棋秋渐健，稍增书课夜初长。"他又在《识喜》中说："僧招决棋战，客让主诗盟。"他还在《用短》中说："畦地闲栽药，留僧静对棋。"由此可知，陆游经常找僧人下棋。他在《村居》中说："能酿人家分小榼，爱棋道士寄新图。"这两句诗说的是，道士喜欢下围棋，还经常研究出新的图式来。他在《湖上遇道翁》中说："扫空百局无棋敌，倒尽千钟是酒仙。"这两句诗说的是，道翁不仅善于下棋，还能喝酒。

我们从陆游的诗可以看出当时我国南方僧道下围棋的盛况。

蒋子正在《山房随笔》记载了一则故事：余德邻，永嘉（今浙江温州）人，字宗文，经常与聂碧窗下棋，但他总是输。有一个外号叫"地仙丹"的人，是个国手。余德邻把他叫来，骗聂碧窗说："我有个仆人能下棋，想和你过几着，但又没有胆量。"聂碧窗就让地仙丹坐下对局，结果聂碧窗连败数局。余德邻就在一张纸片上写了一副对联："可怜道士碧，不识地仙丹。"聂碧窗看罢大笑，说："怪不得，我就觉得他不是凡人。"

据《四库全书总目提要》，蒋子正不知何许人也。而《山房随笔》则多记为宋末元初事。这则故事很可能就发生在那个年代。故事中的聂碧窗可能真是一位道士，这也说明民间有道士下棋。地仙丹，既然被称为国手，棋艺自然高超，但这个外号有讲究。道教把修炼得道的人分为两类，把其中能够升天的叫作"天仙"，把不能升天的叫作"地仙"。同时，道教又有"九仙"之说，但"九仙"中没有地仙。道教还讲究炼丹，"地仙丹"大概是指服用后可成地仙的丹药。不过，也许因为这位棋手个子矮小，所以得此外号。于是，余德邻写的对联就显得很诙谐了。

至于北方，著名道士丘处机（1148—1227）的词作《无俗念·枰棋》能够说明北方僧道下围棋的盛况：

前程路远，未昭彰，金玉仙姿灵质。寂寞无功天赐我，棋局开颜销日。古柏岩前，清风台上，宛转晨飧毕。幽人来访，雅怀斗机密。

初似海上江边，三三五五，乱鹤群鸦出，打劫冲关成阵势，错杂蛟龙盘屈。妙算嘉谋，斜飞正跳，万变皆归一。含弘神用，不关方外经术。

我们能够在字里行间看出这位长春真人对围棋的爱好和理解。

下面讲两则小故事，均与僧道围棋有关，虽然荒诞，但可资笑谈。

其一：得饶人处且饶人。

宋代姚宽的《西溪丛话》说，蔡州褒信县（今河南新蔡包信集）有一位棋师，人称闵秀才。据闵秀才说：以前有一个道人善于下围棋，凡是同别人对局，都要让人一先。道人死后葬于褒信。他死前曾委托一位村叟处理他的后事。过了若干年，村叟为道人改葬，发现棺材是空的，只有衣服和被子在里面。道人曾经作过一首诗：

> 烂柯真诀妙通神，一局曾经几度春？
> 自出洞来无敌手，得饶人处且饶人。

这是一则非常有名的围棋故事。后来，"得饶人处且饶人"成为人们的习用语，意思是能谦让就谦让，表现了一种居高临下而又与世无争的哲学。前面讲过《蔡州小道人》的传奇故事，也许与这则故事有些关联。

其二：秀州棋僧师豫。

洪迈的《夷坚志》记载：秀州（今浙江嘉兴一带）兜率寺有个和尚，法号"师豫"，他懂得医术，也特别喜欢下围棋。他医术比较高明，但棋艺不高明。尽管与别人比赛经常输，他也日夜不停地下，还不感到厌倦。

乾道九年（1173），他忽然得了重病死了，但不久又死而复生。

据他说，他被押送到阴间，站在一个大厅里，面前有一口大井，阎王对他说："把你弄到阴间来是错误的。你是和尚，会背诵《多功德经》吗？"师豫回答说："我天性愚蠢，不知道有这么一部经典。"阎王说："就是人世间所说的《金刚经》。"师豫说："这部经我当然会背诵。"阎王命手下的人从井中取出《金刚经》，交给师豫，让他念经，阎王和手下的人都很庄重地听着。师豫念经完毕，阎王就命令一个官吏把师豫送回了人间。他们经过一个走廊时，官吏高兴地说："这里也有可以参观的地方，你应当跟我去一趟。"于是，他就把师豫带进了一间屋子里。那里面有一张桌子，上面摆着棋局和盆子，盆子里装有黑子和白子，但这些棋子的大小很不相同。官吏说："法师能下棋吗？"师豫说："非常爱下，但令我痛苦的是水平太低。"官吏说："我可以给你想个办法，只要吞进去一个子，你的水平就会提高。"师豫想吞一个又白又大的子，官吏不让，遂选了一个又黑又小的让他吞了下去。吞完棋子，师豫就醒了，第二天病就好了。平时和他下棋的友人来探望他，他就叫人拿棋来下。这时，他的棋艺果然提高了许多。

这则故事属于神怪故事，但能说明僧人中有棋手。

元 明

第九章

1271年，元世祖忽必烈（1215—1294）建立元朝。在元朝近百年的时间里，中国围棋得以发展。这主要得益于唐宋时期打下的深厚基础。由于基础雄厚，元朝士大夫阶层下围棋的人也很多。他们对围棋的喜好和认识，直接影响了元朝的最高统治者，这对于围棋的发展很有益处。元代出现的《玄玄棋经》更是围棋史上的大事。

1368年，明朝建立。明太祖朱元璋和明成祖朱棣都是围棋爱好者。在他们的倡导下，明代围棋兴旺发达，出现了许多文人棋手和专业围棋高手，也出现了一批重要围棋著作。关于文人棋手的资料多见于正史、诗词、文章、野史、笔记等，而关于专业棋手的许多资料则常见于各地方志，如《宁波府志》《松江府志》《无锡县志》《青田县志》等。这里需要提起的是，明代中期有一位名叫王世贞（1526—1590）的学者写了《弈旨》《弈问》两篇文章，其中《弈旨》相当于一篇围棋史提纲，具有开创意义，包含不少明代中前期的棋手简介。明代晚期有一位浙江人名叫冯元仲，他在《弈旨》的基础上写出《弈旦评》，对弈秋以下170余名弈者生平做了简介，而他对明代棋手的介绍则比较翔实。明代末年，学者谢肇淛（zhè）作《论棋》一篇（收于《五杂俎》），对王、冯的文章做了补充。

一、似我棋心

刘因（1249—1293），字梦吉，继承家学传统，虽然只活了45岁，但他成为元代著名学者，《元史》有传。他对围棋的爱好和理解，可以代表元代士大夫阶层的普遍心理。他作有一首诗——《对棋》，写道：

> 直钩风流又素琴，也应似我对棋心。
> 道人本是忘机者，信手拈来意自深。

俗话说："姜太公钓鱼，愿者上钩。"刘因说自己对围棋的态度就像姜太公用直钩钓鱼一样，上不上钩是次要的，享受的是钓鱼的过程。弹琴对他来说也是一样，一张简陋的琴就足够了，享受的是弹琴本身。得道之人本已看破红尘，参透万物之机，信手拈来，意在棋外。他还写有《清平乐·围棋》：

> 棋声清美，盘礴青松底。门外行人遥指示，好个烂柯仙子。
> 输赢都付欣然，兴阑依旧高眠。山鸟山花相语，

翁心不在棋边。

苏东坡说过："胜固欣然，败亦可喜。"刘因追求的正是这种境界。围棋作为游戏，不计较胜负，重在参与，重在尽兴。

二、吴女遗恨

《春梦录》记载：元朝延祐年间（1314—1320），永嘉城西有一户姓吴的人家。这是一个读书人家，这家的女儿才貌双全，琴棋书画无不精通，很受人们称赞。吴姑娘的父亲死得早。父亲死前曾经表示，吴姑娘将来应当嫁给一个读书人。吴姑娘也觉得自己很有才气，因此清高自负。有个名叫郑僖的棋手很仰慕吴姑娘，曾作诗并托人赠送给她。她也写了诗回赠郑僖。二人心里对彼此都有意。谁知半路出来一个姓周的有钱人家子弟，他用财物博得了吴母的欢心。吴母收下了周家的彩礼，答应把女儿嫁给周家。吴姑娘知道后，心里十分痛苦，但又不能违抗母命，最后生了一场大病，忧郁而死。

我们可以从这则故事得知，元代读书人家的女孩子往往会受到琴棋书画的全面训练。

三、玄玄棋经

《玄玄棋经》本名《玄玄集》，由宴天章、严德甫辑撰，成书于1349年。这部书有很高的研究价值：首先，此书前面有名士虞集

（1272—1348）、欧阳玄（1273—1357）和宴天章写的序，提供了关于元代围棋的重要信息。第二，书中收录了《棋经十三篇》和多人关于围棋的论述，如马融的《围棋赋》、柳宗元的《序棋》、皮日休的《原弈》、刘仲甫的《棋诀》等，极具史料价值。第三，辑撰者宴天章、严德甫也从多个角度对围棋加以论述，代表当时的认识水平。第四，也是最重要的，书中汇集了378个棋势，做了细致的死活研究，对提高棋艺水平很有帮助，至今依然可以作为学习者的习题。第五，该书对后世影响很大，并于17世纪传入日本，对日本围棋的发展起过重要作用。

《玄玄棋经》有不同版本流传于世，比较完备的版本按古代"六艺"之名，分为六卷，即《礼》《乐》《射》《御》《书》《数》。其中，《礼》卷为虞集等人的序言、《棋经十三篇》等文献汇编。《乐》《射》二卷为受子图、边角图谱等。余下三卷为378种棋型研究。

虞集，《元史》有传，字伯生，号道国，四川人，官至翰林直学士兼国子祭酒。从他的《玄玄棋经·序》，我们知道晏天章和严德甫都是庐陵（江西吉安）人，是棋友。他们将自己收集的资料和平时下棋的心得汇集起来，编成这部书。

虞集在《玄玄棋经·序》中写道：

> 余在天历之间，常侍翰林，侍读奎章。先皇帝以万机之暇，游衍众艺之场，诏国师以名弈侍御左右。幸而奇之，顾谓臣集："昔卿家虞愿尝与宋明帝言，弈非人主所好，其信然耶？"臣谢曰："自古圣人制器，

精义入神，非有无益之习也。故孔子以弈'为之，犹贤乎已'，孟子以'弈之为数，不专心致志则不得'。且夫经营措置之方，攻守审决之道，犹国家政令出入之机；军师行武之法，举而习之，亦居安虑危之戒也。"帝深纳其言，遂命臣集铭其弈之器。

虞集的这段文字写于至正七年（1437）九月。"天历"为元文宗图帖睦尔的年号，即1328年至1330年。"先皇帝"即为元文宗。从这段话可知，元文宗是爱好围棋的，曾诏令有名的棋手到他身边下棋；他对围棋史有所了解，赞成虞集关于围棋的看法；他有自己的棋具，上面刻有虞集拟定的铭文。

四、太祖开先

明朝开国皇帝朱元璋（1328—1398）喜好围棋。开明代围棋风气之先。

清代魏瑛在《耕蓝杂录》中说，明太祖朱元璋有勇有谋，各种棋艺无不通晓。尽管他下围棋不太善于思考，但每次都能赢一个子，即使同高手下棋也是如此。他下棋时总是在棋盘中心先放一个子。然后，对手如果在东南下子，他就在西北下子，遥遥相对，着着如此。这样下到最后，他一定赢一个子。

这只是一个传说。朱元璋是不是这样下棋，谁也不知道。他这样下棋，如果真能每次都赢一个子，那也是因为对手看他是皇帝，故意让他。关于朱元璋下围棋，明朝人王文禄的《龙兴慈记》中还有一则故事：

刘基（1311—1375），字伯温，明朝的开国功臣。朱元璋特地赐给他一个"金瓜"（一种瓜形兵器）。这个金瓜是一种特权的标志，有急事要见皇上，可以凭这个金瓜进出皇宫，谁都不许阻拦。

有一天，将近半夜时，刘基突然用金瓜打宫门。朱元璋立即命人把一道道宫门打开，让刘基进来，并亲自出来迎接。朱元璋见到刘基，问："有什么事？"刘基说："我睡不好觉，想跟陛下下盘棋。"朱元璋就让人取来棋盘，二人对弈。刚下了一会儿，忽然有人来报告，说太仓（皇家谷仓）起火了。朱元璋立即命人准备车马，要亲自前往。刘基阻止他说："陛下还是下棋吧，可以先派个太监坐车去看看。"朱元璋同意了。救完火，车子回来了，那个太监却死在车子里了。朱元璋非常吃惊地问刘基："你怎么知道我有危险？"刘基说："因为我看天象有变化，特意来告知陛下。"

明太祖经常与刘基下棋，有时他们会边下棋边对对联。据说，他们对出过不少对子，今选其三：

围棋饮酒，一着一灼，
弹琴赋诗，七弦七言。

悠然雅兴，跃然字里行间。

一角棋枰寻橘中真乐，

双套黑白得盘底仙机。

享受围棋之乐，君臣投机。

天作棋盘星作子日月争光，
雷为战鼓电为棋风云际会。

气魄之大，非帝王宰辅概莫能为。

南京莫愁湖畔有一座楼，叫作"胜棋楼"。相传，那是明代的开国功臣徐达（1332—1385）和朱元璋下棋时赢来的。据传，朱元璋和徐达下棋时，徐达将朱元璋的棋子吃掉了，显出"万岁"二字，朱元璋看罢大喜，便将莫愁湖及湖边的楼赏赐给徐达，并为小楼御题"胜棋楼"3个字。从此，这座小楼成为一处名胜。

总之，关于朱元璋下围棋的各种传说故事均说明，明朝开国伊始，围棋就在君臣间流行起来了。

五、成祖继之

由于朱元璋的关系，明成祖朱棣（1360—1424）也成为十足的围棋迷。据《青浦县志》记载：朱元璋洪武年间，当时还是燕王的朱棣就曾经和浙江来的棋手相子先对局。

据《明史·刘基传》记载：刘璟是明代开国功臣刘基的第二个儿子，少年时代就读过许多书，特别喜欢下围棋。在朱棣还没有当皇帝的时候，他曾和朱棣下过围棋。下棋时，朱棣说："你不让着我一点儿吗？"刘璟很严肃地说："该让的地方就让，不该让的地方不让。"朱棣被他顶得无话可说。朱棣当上皇帝以后，诏令刘璟进京，但刘璟以身体不好为借口，拒绝进京。朱棣派人强迫刘璟进京。进京后，刘璟仍然和从前一样，称朱棣为"殿下"，而不称他为"陛下"。刘璟还说："即使到一百代以后，殿下仍逃不出一个'篡'字。"他的意思是说，朱棣本来不是皇太子，他的皇位是通过篡位夺来的。朱棣当然非常生气，就把刘璟关进了牢狱。刘璟不屈服，自杀了。

据《明史·盛寅传》记载：盛寅是明代有名的医学家，曾给明成祖诊脉，治好了明成祖的风湿病，被擢升为御医。有一次，盛寅和同事在御药房对弈，明成祖突然来访。二人吓得要命，连忙收拾棋局，跪在地上谢死罪。没有想到，明成祖不但没有怪罪他们，还让他们继续下，他自己坐下来观战。盛寅连赢三盘，成祖看了很高兴，就命他作诗，盛寅立刻就作成一首，明成祖更加高兴。为此，明成祖赏赐盛寅一个象牙棋枰和一阕词。

在明太祖和明成祖之后，明代有好几位皇帝喜好围棋，他们及诸王、宗室等，对明代围棋的发展起到过重要的推动作用。

六、相楼新风

明朝初年，棋坛有两个人最著名，就是相子先和楼得达，他们开创了明代的新棋风。在他们二人之后，是围棋国手范洪。

相子先，名礼，字子先，又字人杰。他原籍在浙江，后来迁居到松江府（华亭）的七宝镇。据《松江府志》记载：相子先"滑稽多智略，能诗善画，谈论纵横不穷。尤精于弈，当世无敌。明洪武中，召至京师，厚赐遣还。诚意伯刘文成基尝为文赠之"。《青浦县志》有大致相同的记载，说他"滑稽多智，知诗工画，尤精于弈。洪武中召至京，燕王与对弈，所赐有龙弈具"。相子先早在元代即已出名。明朝初年，朱元璋将他召到南京下棋。尤其重要的是，他和当时的燕王朱棣对过局。他棋艺高明，加上有文化底蕴，善于言谈，显然令朱元璋很满意，得到了厚重的赏赐，而朱元璋赏赐他的主要物件是装饰有龙的棋盘。当时，他没有得到一官半职，在南京也没待多久就回来了。

"诚意伯"是刘基的封号。他也酷爱围棋，对相子先也特别看重。刘基著有《赠弈棋相子先序》，说相子先有一个兄弟也精于围棋。明成祖朱棣迁都北京，并于永乐初年召相子先入京。

据《宁波府志》记载：楼得达，浙江宁波人，生性文静，精通文学和技艺，以围棋为专长。明朝永乐初年，楼得达被明成祖朱棣召到京师，与当时的围棋国手相子先一起朝见皇上。相子先自以为天下无敌，瞧不起楼得达。皇上命二人在御前弈棋，同时又命太监取来纸和笔，他亲自在纸上画上帽子和腰带，封好，放在棋局下面。楼得达连着赢相子先好几盘，皇上就让他打开棋局下的纸封，又命吏部官员拿出帽子和腰带作为对优胜者的奖赏，赐给了楼得达。帽子和腰带在当时是身份和地位的象征，不同地位的人用不同的帽子和腰带。明成祖这次赐给楼得达帽子和腰带，则表示对他任命官职了。

据《宁波府志》记载：范洪，字元博，别号"全痴"，祖祖辈辈都居住在鄞县之南。范洪生来就很聪明，性格文静。他从幼年就开始学习经书，一直到青年时代都在为中举而努力，但连连落第使他产生了不做官的想法，开始下围棋自行娱乐。后来，他下围棋倒下出了名堂，便凭着这一技艺到京城游历。当时是明朝弘治年间（1488—1505），李东阳（1447—1516）、杨一清（1454—1530）、乔宇（1457—1524）三人在朝廷辅政，他们常请范洪到他们府里下棋，每次也都玩得很高兴。范洪并不因为这些人都是大官而对他们巴结奉承，所以他格外受尊重。范洪同别人下棋，总是根据对方的水平来下，从来不想把对手杀得大败，但也从来不输给对手，所以他的声望很高。当时，人们把他同善于占卜的金忠、善于相面的袁珙、善于绘画的吕纪相提并论，称他们四人为"四绝"。

相子先、楼得达和范洪都是浙江人，他们为后来浙派（永嘉派）围棋的形成和兴盛起到了先锋作用。

七、宰辅之功

如上文所说，李东阳、杨一清、乔宇三人于弘治年间在朝廷辅政，他们都曾请范洪到府上下棋。其他文献，如王世贞的《弈旨》、冯元仲的《弈旦评》，也有关于他们喜好围棋的记载，认为他们在围棋方面是当时士大夫中走在最前列的人物。其中，李东阳最为突出。

李东阳，字宾之，号西涯，湖南茶陵人，《明史》有传。他对围棋有特殊爱好和突出贡献，作过不少关于围棋的诗文。他有《棋说》

一篇，其中有如下一段：

> 今之言弈者必以适，以适反而自劳，则不若缩手旁观者之为适也。劳与适相遭，非智者不能卒辨。至于复图敛奁，则其所谓胜负者，始茫然其不可揽，然后劳亡而逸见，其甚者犹或以夸之乎人。或者怅快郁结，愈不可释。呜呼！此又何哉？古之不善弈者如苏子瞻，其言曰："胜固欣然，败亦可喜。"用是知不工弈者，乃得弈之乐为深。人之达于是者，可与言弈也。世之善喻世者，必以弈，以弈观世，鲜有不合者。

从这段文字来看，李东阳对围棋的看法是中立而冷静的。他以局外人、旁观者自居，对围棋的利弊得失加以评论。他认为，时人谈论围棋，都说从中得到闲适，而实际上却辛苦劳累，劳心费神，还不如袖手旁观。人们往往不能分辨其中的辛劳和闲适。主要原因是：人们往往过于看重胜负。胜者飘飘然，到处自夸；败者心情郁闷，不能释怀。苏东坡以不擅长围棋著称。他认为："胜固欣然，败亦可喜。"从苏东坡的话可知，真正能深刻懂得围棋乐趣的人正是那些不擅长下棋的人。只有达到这个境界的人，才配谈论围棋。世人一定要通过围棋明白世事情理。通过围棋来认识社会，很少会出现偏差。

李东阳的观点很典型，代表了绝大多数士大夫的围棋观和处世哲学。他认为，下棋不如观棋，观棋才能得到真正的乐趣。下棋往往计较输赢，观棋则能保持中庸清正，心境平常。他把观棋与观世结合起来，肯定了下围棋有帮助人们认识社会和认识客观事物的价值。

李东阳的诗歌也有不少是关于围棋的，如五言诗《与李中舍应正同饮时旸邸归叠前韵》就有这样的句子：

> 胜欣败亦喜，有技岂必工。

这和他《棋说》中的观点完全一致。他还说：

> 推手复君棋，余欢付苍童。

李东阳要表达的是，围棋的娱乐功能是强大的，老人通过围棋可以获得朝气，焕发童心。

诗人还写过一些别的有关围棋的诗，兹不具引。总之，李东阳关于围棋的行为和言论对当时士大夫阶层的影响是很大的，对后世的影响也是深远的。

八、吴中才子

明代文苑多狂生，他们性情放浪，脾气古怪，文才四溢。比较有代表性的是被人们称为"吴中四才子"的祝允明（1461—1527）、唐寅（1470—1523）、文徵明（1470—1559）和徐祯卿（1479—1511）。其中，唐寅、文徵明都是围棋爱好者。因为唐寅更有代表性，下面重点介绍他的情况。

唐寅，字伯虎，一字子畏，号六如居士，吴县人。《明史·唐寅传》载："性颖利，与里狂生张灵纵酒，不事诸生业。"意思是说，唐寅为人聪颖，但喜好和同乡人张灵酗酒，被当时人看不惯，认为他不守儒生的本分，言外之意是唐寅不务正业。弘治十一年（1498），唐寅参加乡试中举，而且是第一名。但主考官舞弊，竟无端牵连到唐寅，致使他下狱。后来，唐寅被封为一个小官，但他感到耻辱，拒绝上任。回到家后，唐寅更加放浪，整天伴随他的主要是酒和围棋。他在《漫兴》诗中写道：

落魄迂疏自可怜，棋为日月酒为年。

《明史·唐寅传》亦载："寅诗文，初尚才情，晚年颓然自放，谓'后人知我不在此'，论者伤之。吴中自枝山辈以放诞不羁为世所瞩目，而文才轻艳，倾动流辈，传说者增益而附丽之，往往出名教外。"也就是说，唐寅初期的诗文比较讲求才气的发挥，到了晚年就颓废放荡，他认为"后人了解我不是通过这些"，人们评论起来都为他感到遗憾。吴中一带，从祝允明（号枝山）等人起就以放荡不羁而为世人所瞩目，但他们文才轻浮艳丽，在当时影响很大，同辈和晚辈都受到感染，更有许多添油加醋的传闻加到了他们身上，而这些传闻往往是与礼教不相符的。

唐寅的性格特点首先是他有反叛的个性，但同时是时势造就的。他毕竟是读书人，但当他因受科举舞弊案的牵连而被关押入狱之后，他就对前程不再抱有幻想。他写有《避世》一诗，其中有这样的句子：

> 随缘冷暖开怀酒，懒算输赢信手棋。

也就是说，唐寅饮酒、下棋的目的是躲避社会。他创作的书画都很好。他也画过一些以围棋为题材的画，还配有他作的诗。他的《题画诗四首》之二是这样写的：

> 树合泉头围绿荫，屋横涧上结黄茅。
> 日长来此消闲兴，一局楸棋对手敲。

还有《题画诗二十四首》之十：

> 柳杨阴浓夏日迟，村边高馆漫平池。
> 邻翁挈盒乘清早，来决输赢昨日棋。

他的诗和画都是言志的。不管画面多么富于诗意，多么闲适优雅，但下棋毕竟是为了避世。

关于唐寅的风流佳话很多。正如《明史·唐寅传》所说，那些大多是后人"传说者增益而附丽之"，多少带有一些夸张虚构的成分。人们所熟知的《唐伯虎点秋香》的故事更是如此。还有两则关于唐寅下围棋怠慢来访者的故事，也属此类。

明代人郑仲夔的《隽区》有这样一则故事：

有一位太学生慕名来拜访唐寅，看见唐寅穿着女人的衣服和僧人下棋。唐寅一心下棋，没有顾及客人。客人愤然离去。等下完棋，家人提醒唐寅，他才想去拜访客人。客人怒气未消，不理唐寅，躺在床上睡觉。唐寅百般赔礼后，与客人一同躺到床上，连夜作诗。次日，唐寅将诗留下，回家备好酒宴，准备迎接客人。客人果然来访，唐寅留他纵酒笑谈，不知不觉竟过了三天三夜。

明末清初人梁维枢著有《玉剑尊闻》一部，其中也说唐寅下棋入迷的故事：有一位自浙江来访的客人求见，唐寅竟然没把客人放在心上，只管下棋。客人受到冷落就回船上了。唐寅下完棋已是黄昏，才想起这回事，到船上去找那位客人，客人已经睡下了。他就到客人的床上和客人一起大睡直到次日天明。这两则故事也许出自同一个版本，也都让人觉得唐寅行为古怪荒诞，与常人不同。

与唐寅同门并齐名的才子文徵明也是围棋爱好者。他的诗中也有一些关于围棋的句子，如："卷帘不知日西下，自待闲客了残棋。"（《闲兴》）"马蹄不到松荫下，手弄残棋独自敲。"（《崇仪院杂题》）

九、永嘉鲍生

一般认为，嘉靖年间至万历前期（1522—1580）为明代围棋的鼎盛时期。其时，南方和北方形成了三个流派：以鲍一中、李冲等为代表的"永嘉派"（又称浙派），以汪曙、程汝亮等为代表的"新安派"（又称徽派）和以颜伦、李釜为代表的"京师派"（简称京派）。

关于这三个流派，王世贞的《弈旨》说：

> 正德仲，宰揆之地如李文正东阳、杨文襄一清、乔庄简宇诸公皆好弈，而四明范洪重。洪之后，永嘉鲍一中重。鲍生晚，不及与洪角，而格胜之。文襄呼鲍小友，为延誉江淮间。而其郡李冲晚出，遂与雁行。周源又晚于李，徐希圣又晚于周，惜早死。皆骎骎（qīn qīn）角鲍者也。此所谓永嘉派也。婺源汪曙不及鲍一子，程汝亮晚出，胜之，而亦早死。此所谓徽派也。颜伦善决局，不差一道，足迹遍天下，无能当者，而李釜时养晚出，遂与之角，伦护名不复肯应，乃游吴中，此所谓京师派也。……

> 始，永嘉守修郡志，志伎艺曰：鲍一中弈品第一，李冲次之。冲意不乐，遂罢不复志。而最后冲且老矣，与时养战大败，数避匿。程汝亮之遇时养，一再北，遂为劲敌云。……

在这里，王世贞简明扼要地介绍了三派棋手的棋艺水平和彼此的关联。下面，我们主要介绍"永嘉派"棋手鲍一中的情况。

鲍一中（1500—1566），字景远，浙江永嘉人。如王世贞所说，鲍一中生于范洪之后，没有机会与范洪下棋，但他的棋艺比范洪高。杨一清与他关系密切，称他为"小友"，并为他在江淮间扬名。他名声很大，当时江淮间的文人都知道他，并与他交往。例如：《西游记》的作者吴承恩就与鲍一中友善。

吴承恩有一首长诗（《围棋歌赠鲍景远》），可以与王世贞上述记载相印证，其中写道：

> 海内即今推善弈，温州鲍君居第一。
> 我于二十五年前，已见纵横妙无匹。
> 当时弱冠游淮安，后来踪迹多江南。
> 品流不让范元博，收奖先蒙杨邃庵。
> 能棋处处争雄长，一旦遇君皆怅惘。
> 甲第公侯饰马迎，玉堂学士题诗访。

吴承恩（约1510—1581），字汝忠，江苏淮安人，号射阳山人，明清两代的《淮安府志》均有传。吴承恩少年时代家境贫寒，到43岁才补为贡生，后被任命为长兴县（今浙江省长兴县）县丞，但不久即辞归故里。他是围棋爱好者，曾在《西游记》里多次写到围棋。

吴承恩这首诗大约写在他任长兴县县丞之后。他在诗中回忆25年前的情景：当时，鲍一中年方弱冠（20岁），来淮安下棋，已经没有敌手了。此后，鲍一中主要在江南一带活动。吴承恩认为，鲍一中的棋艺能敌得上范洪（字元博），得到过宰辅杨一清（号邃庵）褒奖。那些很有经历的棋手都来一争高下，一旦与鲍一中对局就都会落败，觉得很失落。当时，王公贵族都迎接他到府上下棋，而文人学士又都写诗称赞他。

吴承恩接着写道：

> 去年我客大江东，鸡鸣寺中欣相逢。
> 四方豪隽会观局，丈室之间围再重。
> 架肩骈头密无缝，四座寂然凝若梦。
> 忽时下子巧成功，一笑齐声海潮哄。

吴承恩与鲍一中第二次见面是在南京鸡鸣寺。当时，鲍一中到鸡鸣寺下棋是一件很轰动的事，得到消息前来观看的人很多，一间不大的房间里，人们围了好几重。可见，鲍一中在当时影响的确很大，是棋界首屈一指的选手。他的棋艺也给人们带来了欢乐。

鲍一中的同乡侯一麟曾为鲍一中写传，对他的棋艺和人品均给予很高评价。侯一麟说，鲍一中下棋从来都让子，不管对手水平如何。在开局即不利的情况下，鲍一中总能出奇制胜。他也能保持一颗平常心，"有胜负两忘之德"。

十、京派颜李

如王世贞《弈旨》所说，明代围棋的鼎盛时期，三派中有四大家被认为第一品的国手，他们是永嘉派的鲍一中，新安派的程汝亮，京师派的颜伦和李釜。

下面主要介绍京派棋手颜伦和李釜的情况。

冯元仲在《弈旦评》中说："京师派则有颜伦、李釜，若而人为之冠。釜，即时养；颜，即决局不差一道者也。"

颜伦，字子明，号橘园，北京人。有的文献里误称他为"阎子明"或"阎橘园"。如沈榜的《宛署杂记》中写道：嘉靖年间至隆庆年间（1522—1572），京城有所谓"八绝"，"阎橘园围棋绝。阎讳子明，与人对局，布势十余着，即能预定输赢子若干，或棋穷日夜，令次第再布原局，无一遗忘者"。

李釜，字时养，里籍不详，多半是北京人。王世贞曾写过《后围棋歌赠李时养》两首诗，从中可见二人的关联。

其一：

燕中国手颜子明，十年坐制中原盟。

永嘉髯鲍故前辈，勾践自老江淮兵。

诗中说颜子明是燕中国手，可初步认定他是北京人。颜伦在中原地区称霸达10年之久。在颜伦之前是永嘉长胡子老前辈鲍一中，但他像春秋时期的越王勾践一样，在江淮一带卧薪尝胆、功成名就后就衰老了。

其二：

橘叟衔龙擘空去，却堕燕中小侯里。

人言两雄不并立，何得生颜复生李？

诗的第一句引用了商山四皓在橘中下棋又乘龙飞去的典故，正好与颜伦相吻合。第二句的"燕中小侯里"指京城人李釜。春秋战国时期称小国之君为"小侯",意思是在诸侯混战的棋坛,李釜属于小辈,是后起之秀。第三句的意思是,当两个人遇到时,两雄竞争,必有胜负,不能并立不败。最后一句,相当于《三国演义》中周瑜的话"既生瑜,何生亮",言下之意是,李釜为颜伦的克星。

王世贞在《布衣李时养墓碣铭》中也说,开始时,李釜比颜伦的棋艺相差很远,但不久就渐渐能与他抗衡并争先了。这时,颜伦怕被战败,就不下棋了。王世贞与李釜交往很深,也很看重李釜,他把所著《弈旨》和《弈问》都抄写给了李釜。

颜伦为避开李釜的锋芒,南下江淮,曾风靡一时。后来,李釜也南下,并于晚年定居松江。

十一、少年成名

围棋手多在少年成名,年纪大了再学围棋反而难以成名。下面是几位棋手少年时代的故事,带有传奇色彩。

其一:因祸得福。

据《宁波府志》记载:赵九成是明代宁波人,成名于范洪之前。赵九成少年时代,是郡学(郡一级官办学堂)的学生。当时,郡学里有一个老师对学生十分严厉,一大早开始上课时就耀武扬威地训斥学生,学生实在难以忍受,对他意见很大。有一天,有的学生故意在这位老师的座位上弄了许多脏东西。赵九成平时很顽皮,无拘无束,老师就以为是他干的,便寻了个机会在督学(郡里负责管理学生的官员）面前暗中造谣中伤他。就这样，赵九成被开除了学籍。

赵九成离开学校后，凭着高超棋艺到京城游历。当时，许多著名棋手都下不过他。明孝宗朱祐樘（1470—1505）听说了，便召赵九成进殿，要测试他的棋艺。果然，赵九成把围棋名手都打败了。他下棋，一般不按照古代棋谱的定式去走，而是有创新之处。皇上看了之后，赞赏说："这是真正的国手。"于是，明孝宗任命他做了鸿胪。

由此也可得知，明代的围棋官员是设立在鸿胪寺的。明代的鸿胪寺长官叫作卿，鸿胪寺按照其职能分设二署，即司仪署和司宾署，署的最高长官叫作丞。赵九成可能是隶属于司宾署的官员。在史料中，赵九成之后的明代棋手似乎再也没有被朝廷委任官职的记载。

其二：小岑乾挫败老将。

据《绍兴府志》记载：岑乾，字小峰，明代浙江余姚人。余姚从明代弘治年间（1488—1505）就盛行围棋之风，许多小孩子都会下棋。那里的文人和官吏也时常聚在一起下棋，在当时的官宦当中很有影响。岑乾小时候曾随父亲到杭州。在那里，他老是往外边跑，一出去就是一整天。家里人问他出去干什么了，他说："有一群小孩叫我下围棋。"从那以后，岑乾的棋艺便有了很大提高。后来，他到京城游历，当时的一些名人争着让岑乾到家里下围棋，他的名声从此越来越大。当时，京城最有名的棋手名叫颜伦，被称为"天下第一手"。但是，岑乾到京城的时候，颜伦已经老了，岑乾也经常和颜伦对局，岑乾常说："每次同颜伦对局，他都要先谢绝客人，在家里静养10天。"由于岑乾很早就出了名，时人称他"小岑"。小岑下败老将颜伦，也是正常的。可惜的是，岑乾不到40岁就去世了。

其三：方子振十三无敌。

明朝人胡应麟所著《甲乙剩言》提到一个名叫方子振的棋手。他少年时代曾在月下遇见一位老人。老人对他说："小家伙，你喜欢下围棋吗？要是真的喜欢下，明天早晨就到唐昌观里等我。"第二天早晨，方子振来到唐昌观，发现老人已经在那里等他了。老人很不高兴地说："和老人约会，你怎么能迟到呢？明天早晨再到这里来吧。"方子振想："这不是和同当年张良在桥上遇见黄石公的情景一样吗？"于是，他第二天很早就来到了唐昌观，只见大门还没有开，天边还挂着月牙儿。过了一会儿，老人拄着拐杖来了。他一见方子振提前到了，很高兴，说："这回可以跟你这孩子谈谈围棋了。"于是，他在地上布局，同方子振下了48局棋，称为"48变化"，每种变化只不过下十来个子。方子振从此便成为天下无敌的棋手了。后来，胡应麟经过清源（今山西清徐）时，特意找到方子振，问他是不是有这么一回事。方子振说："这都是那些好事的人瞎编的。不过，我8岁时就喜欢同别人下围棋。当时，我已经在私塾里读书了。每当上课时，我都提前把上课的内容记住了，然后对老师说：'我的功课都会了，现在我想用余下的时间练习围棋，请老师允许我这样做。'老师起先不允许，但后来也禁止不住了。我每天都在书桌下边偷偷地布局计算棋路。到了13岁，天下就没有什么敌手了。"

十二、输棋输德

下围棋是一项高雅活动，但历代都一样，总有个别人不那么高雅。下面举两个明代的例子。

其一：施显卿刻薄。

施显卿是无锡人，字纯甫，嘉靖壬子年（1552）中举，后来当过新昌县（今浙江新昌县）知县。这个人年轻时就精通围棋，越老棋艺越高，长期以来没有遇到什么对手。后来，无锡城北有个名叫祝万年的人忽然崭露头角，把施显卿下败了。施显卿英名一世，一旦被一个无名小辈战败，便觉得脸上无光。他咽不下这口气，常常当面羞辱祝万年。

其二：万子寅撒风。

明代王雅登在《荆溪疏》中讲道：有个叫万子寅的人本来具有宽厚长者的风度，喜怒不形于色，只有在下围棋时不是这样的。万子寅下围棋的时候很放肆，他的友人吴幼元很了解他，也喜欢同他下棋。万子寅常常下不过吴幼元，每当输棋时，就把棋局掀翻，黑子、白子滚得满地都是。吴幼元不仅不生气，反而捧腹大笑。而万子寅更加恼火，有时甚至用手打自己的脸。过了一会儿，万子寅就平静下来了，拾起棋子再同吴幼元下，还下得津津有味，把刚才输棋的事全忘了。

有的人喝了酒就胡来，人们把这种行为叫作"耍酒疯"，那么万子寅的情况就可以叫作"耍棋疯"了。

十三、明末棋风

明代末期，围棋手中间常常发生一些趣闻逸事。今选数则。

其一：汪幼清行棋如虎。

汪幼清是明代末年第一流围棋国手。汪幼清为人精明强干，每次同对手下棋时都目光闪烁，虎视眈眈。他棋风凌厉，如风卷残云、猛虎下山一般。他下棋时经常能出奇制胜。下胜了棋，他就经常把帽子抛向空中，大呼小叫。由于经常取胜，他有轻敌的毛病，不时走出错棋。每当这个时候，他就认真对待，仔细思考，不一会儿便能想出一步奇着。奇着一旦走出，就像过关斩将一般，使对手防不胜防。所以，当时有人说："不怕汪幼清不走错棋，就怕他走错棋。走出小错他就小胜，走出大错他反而大胜。"例如：有一次，他同无锡人张以贞对局，在一个角上，他的棋被张以贞打断，眼看就要输了。但汪幼清仔细推敲，经过好长时间终于想出了一步高棋，把角上的死棋接了出来。张以贞看了这步棋后目瞪口呆，以为这是有神仙帮助了汪幼清。

其二：方渭津落子如钉钉子。

清朝钱谦益在《有学集》中讲：方渭津是明代末年围棋国手之一。他为人深沉冷静，神态超然。他同对手下棋，对手往往手颤心跳，面红耳赤，苦苦思索，但方渭津闭目端坐，像老和尚坐禅一样。对方考虑好久才下一个子，而这个子刚刚落下，方渭津的子也随着落下了。方渭津落子就像把钉子钉在棋盘上一样，从来不移动，也从不下错棋。当时，人们对他的风格十分欣赏。

其三：黄道明独弈。

魏禧在《独弈先生传》中记载：黄道明，字在龙，明末清初山东人。黄道明隐居不做官，不爱从事生产劳动，也不参加社会活动。他特别喜欢下围棋，经常一个人关起门来坐在屋子里。屋外的人听到屋子里围棋落子的叮叮响声，便从窗户向里偷看，原来黄道明一个人在下棋，一手执黑，一手执白，让双方互相攻杀。因此，人们给他取了一个外号，叫作"独弈先生"。

黄道明有两个哥哥，各有爱好，大哥善于弹琴，二哥喜欢种花养竹。他们两个也会下围棋。黄道明平时一个人下棋，如果有人找他下，他也不拒绝。黄道明有时一个人在棋局上布子，也请他两个哥哥来看。黄道明下一个子，便问两个哥哥，这个子应当怎样应。两个哥哥各抒己见。每当这种时候，黄道明便说："你是善于守，你是善于攻，你们俩都是当偏将的材料，做不了主帅。如果要你们掌握全局，知彼知己，看来你们是做不到的。"

十四、自知之明

裴毓麟在《清代轶闻》中讲到了明代末年围棋国手过百龄的事迹：

过百龄（1587—1660），字文年，无锡人。11岁那年，他常看别人下围棋，便学会了围棋中虚实、先后、进退和攻守的方法，说："这没有什么难学的。"后来，他与别人对局，总是取胜。当地人都觉得他是一个了不起的人才。

时任宰相叶向高（1559—1627）号称下围棋"第二"，他因国事途经无锡，便在当地寻找能下棋的人。当地人推荐过百龄同叶向高对弈。叶向高原以为过百龄是个大人，谁知来了一看，原来是个十来岁的童子，感到很惊奇。二人下棋，叶向高总是输。当地的一些官员偷偷地对过百龄说："叶公是达官贵人，当今宰相，你应当故意输给他几局。为什么总是胜他呢？"过百龄听了很不高兴地说："下围棋固然算不了什么了不起的技艺，但是，如果靠围棋去阿谀奉承，我觉得是可耻的。更何况叶公是个贤德的人，怎么会因为输了棋而怪罪一个孩子呢？"叶向高果然更加看重过百龄了。他想把过百龄带到京城去，但过百龄以学业未完为由拒绝了。从此以后，过百龄的名字在江南一带传开了。过百龄并未因此骄傲；相反，他更加努力钻研棋艺了。

又过了几年，过百龄念完书，想到外地和别人比试一下棋艺。这时，正好京城里有许多王公贵族都知道了他，有的还专门写信来邀请他进京。他到了京城。京城有个国手叫林符卿，年纪大了，一直在达官贵人中间下棋。他见到过百龄，觉得他年纪很轻，就没有把他放在眼里。有一天，许多达官贵人在一起聚会饮酒，林符卿和过百龄都参加了。林符卿对过百龄说："我和你都是从外地到京城来游历的，但一直没有在一起下棋比赛的机会。在这样的场合，如果我们再不比试一番，这里的达官贵人还要我们有什么用呢？今天，我愿意尽力和你赌一场，也好让诸位大人都高兴高兴。"在场的达官贵人都觉得这样很好，争着出赌注。过百龄开始时一再推谢，说自己小小年纪不敢同老国手比棋赌钱。林符卿以为他胆怯，更加高傲了，非要同过百龄比个高低不可。过百龄只好同他对局。第一局刚下到一半，林符卿脸上就开始出汗了。而过百龄下得很从容，随手应子，旁若无人。二人一共战了三局，林符卿都输了。这时，达官贵人开始议论纷纷。有人说："林君一向是称霸棋坛的，今天遇上了过百龄，这个霸主可当不成了。"从此，过百龄就成为当时第一围棋国手，在京城名声大振。

过百龄在京城时住在一个京城守卫官家里，当他名声大振时，这个京城守卫官却因犯了法而被关进监狱。有人提醒过百龄说："你现在是守卫官的门客，应当小心些，赶快离开他家吧。不然，恐怕你也会受到牵连。"过百龄回答得很坚决："守卫官对我很好，他如今遭了难，我就离开他家，这样做是不仁义的。况且我与他交往纯属出于友情，光明正大，没有参与他的其他活动，绝不会因此受到牵连。"当时，与过百龄一起住在守卫官家的门客都被抓了起来，只有过百龄没有事。后来，社会局势动荡不安，过百龄就回到无锡过上了隐居生活。

过百龄在明末清初的棋坛纵横驰骋40年，是明清之际承前启后的重要人物。他所著《四子谱》《受三子谱》，与人合著的《官子谱》，以及参与编定的《仙机武库》，都是围棋史上的名著。

十五、拐卖棋手

据《婺源县志》记载：江用卿，字君辅，清代江西婺源人。他少年时代非常爱看别人下棋，而且他布局不久就能预算胜负。后来，他凭着下围棋这一特长几乎走遍了半个中国，很少遇到敌手。当时，有不少名人同他下过棋，其中有宰相一级的高官。但他下棋态度认真，不卑不亢，很受别人尊重。当时曾传说他去过天台山，受过异人传授。所以，他下棋不按前人章法布局行子，而是富于奇幻变化，有独特的着式。

　　江君辅17岁那年，有一天，突然有人敲门，来的人说：江北有一家主人特地派他来请江君辅去比赛围棋。江君辅就打点行装，跟着那个人上路了。走了一个多月后，他们来到了中州（**今河南一带**）一个官宦人家的门口。那人让江君辅等在门口，自己进去通报。那人进去后，找到这家主人，说："我现在穷困潦倒，没有回老家的路费了。我想把自己的儿子卖了，给你家当奴仆。"主人同意了，双方就写了契约。那人拿了钱后，又说："因为父子感情太深，我实在不忍心当面与儿子告别，请让我从你家的后门出去吧。"他一边说一边流泪。主人信以为真，就让他从后门走了。江君辅一直坐在门口等那人，他心里很奇怪："怎么这么长时间还没有人出来迎接客人呢？"这时，一个丫鬟挑着两个水桶出来了，望着江君辅大声地说："喂，你是新来的仆人吧？去，快去挑水！"江君辅十分惊讶，觉得这个丫鬟实在太无礼了，就和她吵了起来。主人从里面走了出来，拿着卖身契给江君辅看，说："你父亲把你给卖了，你现在是我的仆人，还有什么好吵的？"江君辅说："这就奇怪了，你派人把我从数千里以外请来下围棋，怎么能说这种荒唐话？谁是我父亲？"主人也被弄糊涂了。江君辅拿出自己写出的棋谱给这家主人看，主人正好很喜欢下围棋，就说："这样吧，如果你真的会下围棋，咱俩就比试比试，你要赢了我，我才会相信你的话。"于是，两个人开始比试围棋，连下了好几局，江君辅都胜了。那家主人很慷慨，对江君辅深表敬重。当地有个围棋高手，据说从来没有人胜过他。那家主人把这位高手请来同江君辅对局，结果江君辅又一连胜了好几局。主人大喜，把江君辅作为上等宾客款待，留他在家里住了好几个月，又特地写信把江君辅推荐给爱下围棋的大官。最后，江君辅得到好几百两银子回到了老家。

十六、仙女教弈

据褚人获的《坚瓠续集》记载：明代晚期，襄王朱瞻墡（shàn）很能下围棋。他下棋和对手赌输赢，每局300两银子。当时，江苏有个国手觉得自己围棋下得很好，自认为同襄王下棋一定能赢，会很轻易地得到许多银子。于是，他收拾好行装，准备下银子，前往湖北找襄王下棋。下完一局后，他输给襄王半个子。他十分不甘心，向朋友借了银子再次与襄王对局，结果又输了一个子。无奈，他只好回到江苏。但他仍不甘心失败，又千方百计地筹集了300两银子，再次到湖北找襄王下棋。这一次，当下到100多个子时，他默默地数了一下，发现这次又要输掉半个子。他拿起一个棋子，反复地思考，手上都出了汗。他极力要想出一个绝着，以挽回败局，但从中午到天黑，一直没想出一步好棋。襄王笑着对他说："等到明天再把这局棋下完，你看好不好？"他只好同意明天再下。

走出王府，来到客栈，他关起门点上蜡烛继续思考，但无论如何也想不出来。这时，忽然有人敲门，他起身去开了门，只见一个美女提着宫灯站在门口。美女进来，对他说："今天你和襄王下棋，将要输掉半个子，现在中盘封棋了，对不对？"他回答说："对。"美女好像知道他心里想的一着棋，说："你这一着棋下在这里是不对的，下完棋后仍要输掉半个子。这一着棋应当后下，而应在这里先下一个子。这样，下完棋你就会赢半个子。"说完，那个美女就提着宫灯走了。这个国手按照美女说的演习了一遍，果然可胜半个子。他特别高兴，第二天一早就又去找襄王下那盘没下完的棋。他刚一落子，襄王就立即知道自己要输了，感到很震惊，说："这着棋不是你所能想到的，一定是有人指导了你。你告诉我实话，我可以把赢你的银子全部退还给你。"这位国手开始时还一口咬定是自己想出来的，但襄王无论如何也不信，再三地询问，他才说出了实情："这步棋是你王宫里的人教给我的。"襄王很奇怪，宫里有谁会出这样的高着呢？襄王向他详细地询问了那位美人的服装、相貌，恍然大悟，说："你随我来，我这就带你去见那个教你高棋的女子。"襄王领他登上一座绣楼，只见楼上四面都画着各种各样的棋谱，中间有一幅画，画上是两个仙女在下棋。奇怪的是，这个仙女的棋和他与襄王下的那盘棋一样，而且那个仙女手里拿着一个子正要下，她要下的地方正是那手妙着。襄王说："这是不是昨天教你的那个人？"国手惊愕不已，赶紧叩头表示感谢。襄王说："你能感动仙女来帮助你解围，这也算是你有福气了。我应当把赢你的银子都还给你。"后来，襄王又留下他下了好几天棋，并赏赐给他不少财物。

这是一则神异故事，涉及历史上的真实人物，算是明朝诸王下围棋的一个文学反应，可作为谈资。

清代

1644年，明朝灭亡，清军入关，清王朝正式建立。清朝统治者不得不学习汉文化以巩固其在全国的统治。围棋并没有因为改朝换代而受到打击；相反，下棋在清代的王公贵族间逐渐成为时尚。清初，围棋文化的中心在南方，以浙江、江苏、安徽等地为最盛。随着清王朝的巩固，王公贵族、士大夫和文人学士向京城集中，他们对围棋的兴趣引来了大江南北的无数著名棋手，北方的围棋也逐渐发展起来。

中国围棋因有明代的普及和提高，到清代得到空前的发展。康熙时期，出现了黄龙士、徐星有、周东侯等著名国手。到乾隆盛世，清代围棋也出现了空前繁荣的景象，梁魏今、程兰如、施定庵和范西屏四大家的崛起标志着中国古代围棋已经达到鼎盛时期。鸦片战争以后，中国国力衰落，中国围棋也出现颓势，虽然还有所谓"十八国手"出现，但已不能与康乾时期相比。清朝末年，陈子先、周小松成为清代围棋史上最后一抹亮色。

一、围棋谋杀

利用围棋来搞谋杀，确实"古已有之，于今为烈"，三国时期曹丕曾利用下棋的机会毒死弟弟曹彰，明朝也不乏其例。

其一：吴三桂围棋杀永历。

1646年，明神宗朱翊钧的孙子朱由榔在广东肇庆称帝，就是后世所说的南明永历帝。1657年，清军攻到南方，朱由榔逃到缅甸。1661年，吴三桂由云南发兵缅甸，将朱由榔捕获，次年处死。但刘献廷的《广阳杂记》记载了一个传说，说吴三桂在云南时，特地把朱由榔从缅甸迎入云南，后来又请朱由榔喝酒和下棋，并利用这个机会把朱由榔杀了。

其二：康熙弈棋擒鳌拜。

据《清朝野史大观》：清代初年，清世祖福临（1638—1661）死后，他的第三个儿子玄烨（1654—1722）继承皇位，这就是康熙皇帝（1661—1722年在位，共计61年）。玄烨继位时年仅6岁（虚岁8岁），国家大事由大臣鳌拜（1610？—1669）等人把持。鳌拜利用职权害死了不少大臣，又想进一步谋害康熙。康熙六年（1667），玄烨逐渐长大了，想把政权夺过来。有一天，鳌拜诡称有病，让康熙去看望他。康熙不知道内情，就来到鳌拜的家里。当他走进鳌拜的卧室时，康熙的侍卫官发现鳌拜的脸色突然变了，便觉得有问题。侍卫官立即上前揭开鳌拜床上的席子，发现下面藏着一把刀。看了这种情况，康熙立刻就明白了，但他很镇静，笑着说："刀不离身，这是我们满族人一贯的风俗，没有什么值得大惊小怪的。"

回宫后，康熙召见心腹大臣索图额（1636—1703），与他一起下围棋。在下围棋的过程中，二人秘密地商定了除掉鳌拜的计策。过了几天，鳌拜前来见康熙，康熙就利用这个机会让卫兵把鳌拜抓起来，投进了监狱。

二、边弈边读

周嘉锡，字览予，清代嘉兴人，人称周懒予，时人反倒忘记了他的本名。他生于明朝末年，是清朝初年最优秀的棋手。

周懒予的祖父周慕松善于下围棋，周懒予五六岁时就看他的祖父下围棋，逐渐学会了一些攻守应变的本领。周家贫穷，长辈都希望周懒予能读书，长大做官或经商。但他不愿意读书，时常偷偷跑到外边去找小朋友下棋，家里人怎么拦也拦不住。等到十四五岁时，他的棋术已经相当高明了。当地的豪门望族经常下赌注请四方围棋高手来同周懒予比赛，周懒予总是获胜，每每在深夜提着赢来的钱物回家。他的祖父母和父母见他能赢回那么多钱物，都很高兴，也就不再禁止他到外面下棋了。他和别人下棋时，利用对方思考的时间，拿起书来读一会儿，等对方下了子，他就立即应一个子，继续看书。他的对手往往很紧张，下棋时经常汗流浃背，而他总是从容不迫，应付自如。当一局棋下到一半时，周懒予便告诉对手说："你已经输了多少多少目了。"下完后数子，果然和周懒予说的一样。

当时，过百龄属于前辈围棋高手，多年来一直未遇到对手。但后起之秀周懒予很快就和过百龄分庭抗礼了，而且胜多负少。每当周懒予同过百龄下棋，围观的人总是很多。他们对局的棋谱被人们录了下来，后世称为"过周十局"。

又过了若干年，山阴（今浙江绍兴）人唐九经把国内著名围棋高手都请到杭州，来了几十个人。因为当时周懒予名声最大，人们都把目标对准了他，想共同努力把他击败。在十来天的时间里，人们轮番同周懒予"作战"，但始终没有战胜他。他的高明之处在于，他能够始终掌握住先手而不丢失。

周懒予自幼就把主要精力放在围棋上，后来又靠围棋周游四方，没有读过儒家正统经典，但他在王公贵族面前不卑不亢，言语和行为都很得体，因此能受到各个阶层的尊重。周懒予获得这么高的声誉，但他从不沾沾自喜，他对自己的棋艺有清醒的认识。当时，有个名叫范高的人曾经问他："你的围棋水平已经达到最高境界了吗？"周懒予回答说："当今下围棋的人虽然没有能胜过我的，但每下完一局棋，我坐下来冷静地思考一下，觉得自己下过的棋总有几步走得不太好。如果一个人的棋艺真的达到了最高境界，他就不应当有这种感觉了。"范高听了他的回答，很受启发。

三、东侯西侯

周勋，字东侯，安徽太安人。清朝初年，周东侯与周懒予、盛大有、汪汉年曾多次对局，也曾与黄龙士对局。周东侯下围棋有独特的风格，正如他自己所说的："棋局中蕴藏着许多变化和道理，一局棋一定要下完，使它的变化都呈现出来，这样才能下得痛快，下得淋漓尽致。一些高手心里总顾虑胜负，常常在中盘就不下了。"他还说："善于下围棋的人，在落子之前有一番设想和处理手段，落子之后又会有另一番考虑和处理手段。如果一局棋下到一半就停止了，前面的思考就白费了，这不是高明的做法。"周东侯和黄龙士对局不多，但下得很精彩，给后人留下了深刻的印象。《弈理析疑》载有这两个人下的一局棋，二人共下了322着，胜负不差半个子。人们评论说：黄龙士的棋风如龙，周东侯的棋风如虎。当时，黄龙士年纪尚轻，许多人都因败在他手下而不敢同他对局，只有周东侯不在乎输赢，一心追求发挥高水平，下出许多奇着。人们认为，周黄二人算是真正的"劲敌"，水平不相上下。有人说，周黄对垒就像军事家用兵一样，屡出奇兵，往往由周东侯挑起争端，但也往往是他失利。他二人下的那局棋，从头到尾都妙趣横生，一波未平一波又起。还有人评论说：周东侯比黄龙士先称霸棋坛，但后来时常输给黄龙士，也常败给周懒予和汪汉年等人，看来他的棋艺水平比这些人低。但他能走出许多奇着，又不计较胜负，一往直前，一定要尽最大努力下到最后，他的这种精神给人们以鼓舞。

周西侯，不知道他叫什么名字，西侯是他的字。《弈选小传》里说，他很可能是周东侯的兄弟。周西侯的围棋水平比周东侯稍差，曾和黄龙士、徐星友对局，后世载有他和黄龙士三次对局、同徐星友八次对局的棋谱。

实际上，与周东侯齐名的是汪汉年。汪汉年，清代安徽歙县人。他与清代初年许多围棋国手都对过局，如周东侯、周懒予、盛大有、过百龄、季心雪、周元服、吴孔祚等。其中，他同周东侯对局最多。据说，他和周东侯最初相遇时，二人旗鼓相当，都有称霸棋坛的雄风，但不久他俩都败给了周懒予。汪汉年善于走战术棋，在狭路相逢时不怕纠缠。总的来说，他的棋风挥洒自如，因此有人把书圣王羲之的书法拿来比喻他的棋风，认为他别具一格。

四、黄徐血泪

黄龙士以号行于世，他有两个名字，一是黄虬，字龙士；二是黄霞，字月天。清朝初年，过百龄、周东侯、汪汉年、周懒予等都曾是围棋国手，黄龙士比他们都晚。但黄龙士一出现，立刻技压群雄，成为后来围棋国手们的先导。因此有人称他为清代围棋的"正宗"，足见他在围棋史上的地位。

黄龙士18岁成为国手。在此以前，他的经历也是不平凡的。据杜濬《变雅堂文集》记载：黄龙士10来岁就随着父亲走南闯北。当时，黄家很穷，黄龙士十分聪明，学会了围棋。他父亲就带着他到处走，让他下棋来维持一家人的生活。有一次，父子二人到了北方，有一位将军很喜欢黄龙士，就留他们父子住下，每天供给他们上等饮食，并赠送给他们许多钱财。在那里居住了一年，黄龙士非常想念母亲，想回家。那位将军不忍心再留他，就让他回南方去探亲，但同时反复叮嘱他们父子，要他们第二年春天再回来。

把围棋作为谋生的手段，由来已久。黄龙士幼年下围棋养家糊口，在本质上同街头卖艺谋生是一样的，他的经历反映了那个时代相当一部分棋人的命运。

徐远，字星友，浙江杭州人。清代康熙、雍正年间（1662—1735），徐星友经常来往于大江南北，足迹遍布半个中华。黄龙士年纪比徐星友大，他独霸棋坛的时候，徐星友还未崭露头角。后来，徐星友成为一流围棋国手，是他在和黄龙士下过10局棋之后。这10局棋被后人称为"血泪篇"，意思是说二人下得十分艰苦。当时，徐星友的棋艺只能算作二流棋手，比起黄龙士来有很大差距。在这种情况下，黄龙士为了培养徐星友，反而要徐星友让他三个子，这使徐星友在对局中处于绝对的劣势。徐星友挖空心思，极力抗争。经过10盘艰苦奋斗，徐星友的棋艺产生了一次飞跃，一举成为一流棋手，所以后世说徐星友的棋艺是被"逼"出来的。

《清代轶闻》记有这样一则传说：

黄龙士和徐星友都是清代乾隆年间（1736—1796）的围棋国手。黄龙士比徐星友年长，围棋也下得比徐星友好。当时，两个人同时在宫廷里当围棋"供奉"。根据前清的规定，凡是在宫里当供奉的，都有官衔，是五品或六品的中级官员。黄龙士朴实诚恳，做事认真。徐星友机智敏感，善于交际。徐星友在宫内结交了不少官员，也结交了一些太监。因此，朝廷里的事，徐星友往往会提前知道。有一天，徐星友来找黄龙士，说："你的围棋确实比我下得好，你已经赢过我多次了，下次再到皇上面前下棋，你能不能让我赢个把子？这样也好成全我一次，给我一个露脸的机会。"黄龙士笑着说："这有什么难的？"第二天，宫内忽然传下圣旨，皇上要他俩到宫里下棋。他俩来到宫内，乾隆皇帝用手指了指桌子上放的一个描金红漆盒子，说：

"这个盒子里装着一样东西,你俩下棋,谁赢了谁就可以得到这个东西。"黄龙士答应了输给徐星友,所以这盘棋故意下输了。乾隆皇帝叹息着对黄龙士说:"你的棋虽然比徐星友下得好,你的命运却不如他。"说着,乾隆皇帝命人把盒子打开。盒子里原来装着一张纸,但这不是一张普通的纸,而是一张当知府的委任状。清代的知府是从四品的官,级别比供奉要高。看了委任状,黄龙士很惊讶,他万万没有想到这局棋赢了可以升官,但后悔已经来不及了,只好默不作声。徐星友接过委任状后,立即跪下给皇上叩头谢恩。原来,徐星友提前知道了这次比赛的消息,而且知道赢了棋可以升官,他才事先找黄龙士,要求他手下留情,而黄龙士却被蒙在鼓里。

五、代父胜客

据清代袁枚(1716—1797?)的《小仓山房文集》记载:徐星标,名璇,字星标,清代江苏吴江人。徐星标小时候身体不好,没有读书,但特别喜欢下围棋。他的父亲名叫徐培云,曾是一代围棋国手,许多人都来找他下棋。徐星标幼年时经常看父亲同客人下棋,看得非常认真,常常一看一整天。徐星标11岁那年,有一天,有一个外地来的客人来找徐培云下棋,但徐培云外出了。客人把徐星标抱起来,让他坐在膝盖上,开玩笑说:"你能代替你父亲和我下盘围棋吗?"徐星标说:"能。"客人看徐星标年纪很小,就问他要让几个子,徐星标说:"我是主人,您是远道而来的客人,做主人的应当让客人先。"客人笑着同意了,下了几手棋以后,客人发现徐星标出手不凡，便不敢麻痹大意，思考好半天才下一个子。而徐星标随手应子，下完一个子便跑到台阶下面玩扔砖头的游戏。客人下了一会儿，觉得不一定能下过徐星标，怕坏了自己的名声，便借口上厕所偷偷地溜走了。可见，当时徐星标年纪虽小，棋艺已经下得相当好了。他的布局审势虽然来自父亲的家传，但具体的下法是他独自想出来的，往往出奇制胜。当对手走得很结实时，他却能在远处投放几个子，看上去像是无关紧要的"闲子"，有时会引起大人笑话，但经过若干手之后，这几个"闲子"便派上了大用场，远近呼应，里应外合，势不可挡。观棋的大人也往往情不自禁地叫起好来。

六、随园老人

袁枚，字子才，号简斋，又号随园老人，浙江钱塘人。他是乾隆初年进士，虽然进入了翰林院，但没有当很大的官，只先后做过溧水、江浦、沭阳、江宁的县令。他40岁辞官，卜居江宁小仓山，筑随园以为乐。袁枚一生喜欢收集书籍，创作诗文。和许多文人学士一样，他也喜欢饮酒、下棋。他还写过很多关于围棋的诗文，下面举几个例子。

《随园杂兴》其九：

…………

花下开酒筋，筋毕作棋戏。

一杯醉扶床，一局败涂地。

萧萧新竹枝，似有扶我意。

扶起谢东山，一笑吾犹未。

袁枚可能棋力、酒量都不是很强，但从诗中可以看出他对棋和酒的爱好，表现了士大夫的闲情逸致。

《遣兴》其六：

弈棋贪有伴，降心似相从。

应付吾手上，高低吾心中。

诗人喜欢弈棋，也喜欢有人陪伴。他有个学生名叫刘茂才，字霞裳，也是他的棋友。他有好几首诗提到和刘茂才下棋的乐趣，如《霞裳舟中和诗》：

饭后围棋例几回，私心不敢把窗开。

昨宵底事输先着，为有奇峰数朵来。

他还写了刘茂才和僧人下棋的诗——《飞泉亭观霞裳与澄波上人对弈》：

棋局临流瀑，棋声与瀑分。

下山千尺雪，背水两家军。

…………

袁枚不仅有很多关于围棋的诗,也曾为大国手范西屏和地方棋手徐星标写过墓志铭,在中国围棋史上留下了宝贵的资料。

七、十人联弈

李汝珍(约1673—1830),字松石,大兴(今北京大兴)人,20多岁那年南下江苏,一生没有做官。他是清代文学家,著名长篇小说《镜花缘》的作者。他是个杂家,爱好围棋,对于各种技艺都感兴趣。黄俊在《弈人传》中转述了清朝人李汝珍关于十人共弈一局棋的记载。

四人联手,于史已有,但十人联手大赛,实属罕见。据李汝珍记载:1795年,他和萧兰浦、黄典林、沈谦、颜鉴塘、程时斋、李佛云、李宗玉、吴云门、关云石等十人聚在一起"公弈"。这10个人的水平参差不齐,但正好可以凑成旗鼓相当的5对,分为5局较量。有一次,不知是谁想出了十人共下一局棋的主意,得到大家的响应。于是,十人分为两组,双方棋力相当。又抽签决定了先后次序,例如:沈谦抽到第一,就由他来下第一手、第十一手、第二十一手……其他人依此类推。他们规定,每个人都按自己的想法下棋,不得互相商量。这样,每个人棋力不等,思路不同,下出来的棋变化多端,千奇百怪,波澜起伏,谁都左右不了局势。这盘棋从中午开始下起,一直下到晚上二更天才结束。有趣的是,结果竟然是和棋。当时,棋界有个术语叫作"神过",就是和棋的意思。因为和棋的情况极少出现,人们认为只有神仙路过这里才出现和棋。这局十人联手棋竟然能下成和棋,人们自然也就认为有神仙路过了。

八、梁程风范

清代雍正、乾隆年间（1722—1796），继黄龙士、徐星友之后，中国棋坛出现了梁魏今、程兰如、施定庵、范西屏"四大国手"。

梁魏今，山阳（今江苏淮安）人，与程兰如齐名。在四大国手中，他年纪最大，曾与徐星友下过许多次棋，可惜没有多少具体记载。他和程兰如下棋，后人在评论他们二人风格时说："程梁对局，最为细腻风光。虽然不追求标新立异，但都出手不凡，自然高雅，给人一种阳春白雪的感受。"梁魏今对后辈施定庵和范西屏都有过指导，他曾经带着施定庵到过乌程（今浙江吴兴）的岘山，在泉水边上启发施定庵的棋思。他说："行乎当行，止乎当止，任其自然而与物无竞，乃弈之道也。子锐意深求，则过犹不及，故三载未脱一先耳。"果然，施定庵心领神会，棋艺大进，可以同许多先辈高手分先抗衡。施定庵说过："我少年时代就与梁、程二位前辈有交往，他们让我先下。下过数局之后，我感到收获很大。"正因为梁魏今德高望重，当时一些名士都知道他。著名的诗人、书画家郑板桥和他友善，曾写过一首诗《赠魏今》送给他，盛赞他的风范。

程慎诒，字兰如，号钝根，新安（安徽歙县）人。程兰如是继黄龙士、徐星友之后的清代"四大国手"之一。黄龙士死后，徐星友独霸棋坛近40年。徐星友年迈时，后起之秀程兰如开始向他挑战。有一次，程兰如和徐星友在某地下棋，东道主妒忌徐星友，就暗地唆使众国手背后帮助程兰如。程兰如也正处在血气方刚、蒸蒸日上的时期，连战连胜。徐星友数十年的盛名，一旦被击败，心里自然不愉快。从此，他回归武林（今浙江杭州），不再出来下棋。程兰如也因此名声大振，和另一名国手梁魏今并驾齐驱。

但人人都有从盛年到老年的过程，程兰如也不例外。程兰如年迈之际，后辈高手施定庵、范西屏崭露头角。鲍鼎在《国异初刊》序言中说：程兰如和范西屏一生对局绝少。因为有一次，程兰如和天下国手争雄，同时来向他挑战的有17个人，他先战胜了其中的16个人，最后轮到范西屏。范西屏是这17个人当中最年轻的，他和程兰如下一局棋，两天没下完。程兰如看了局势，经过计算，发现自己最终总是要输半个子。但范西屏喝了酒，一时头脑不清醒，收官时误走一着，反而输了半个子。于是，程兰如被定为天下第一国手。范西屏后悔莫及，想再次找程兰如挑战，但因生病而没有去成。三年后，他的病好了，这时程兰如已告老还乡，不再同别人下棋了。

九、范施国弈

据《海昌备志》《清代轶闻》记载：范世勋（1709—1769？），字西屏。施绍（1710—1770），字襄夏，号定庵。二人都是浙江海宁人，乾隆年间（1736—1795）著名围棋国手，二人齐名。范西屏的父亲酷爱围棋，因长期下围棋而不从事生产劳动，家道败落了。尽管如此，他仍然没有下出什么名堂。范西屏三岁时，看父亲与别人下棋，就在一旁咿咿呀呀地比比画画，好像看出了门道。稍微大些后，范西屏就拜在围棋名家俞长侯门下学围棋。施定庵比范西屏小一岁，没有范西屏聪明，喜欢安静，体弱多病。当范西屏跟俞长侯学围棋时，施定庵还在读私塾。他见范西屏的棋艺与日俱进，十分羡慕，也拜到俞长侯门下学棋。施定庵刻苦努力，尽管天资不太高，仍然取得了很大进步，棋艺水平与范西屏差不多。不久，他们二人都能下过老师俞长侯了。十五六岁时，二人先后成为国手。后来，他俩经常在一起，棋艺也不相上下，成为中国围棋史上的两颗巨星。

据说，二人在京城时，曾10次对局，但无棋谱流传下来。1739年，二人又在浙江当湖对弈10余局，时人保留了其中10局的棋谱，史称"当湖十局"，即著名的《范施十局》。

有一则故事很有趣，说明他俩相互十分了解。

扬州有个人名叫胡肇麟，是个很有钱的盐商。他喜欢下围棋，而且经常与人赌输赢，输一个子就给白金一两。但他的围棋下得不够扎实，要么大胜，要么大败。有一天，他同范西屏下棋，下到一半时，他的棋遇到了危机，他假装有病，要求范西屏中盘封棋。当时，施定庵在江苏东台，胡肇麟赶紧派人跑到东台求援。施定庵看了来人带来的棋谱，就想出了应对的办法，告诉了来人。两天以后，派往东台的人回来了，胡肇麟这才提出要同范西屏下完那局棋。于是，胡肇麟按照施定庵教给他的着法下了一个子。范西屏一看这一着棋，立即就明白了，笑着说："定庵人没到这里，棋倒是先到了。"胡肇麟听了，反而觉得不好意思了。据说，后来胡肇麟同范、施二人有30年的交情，每次同他俩下棋总是要受二子，始终没有成为他俩的对手。

还有一则故事，也能说明范、施二人间的关系和相互了解。

据方浚颐的《梦园丛说》记载：清朝乾隆、嘉庆年间（1736—

1820），杭州狗儿山有个茶社，茶社里设有棋局，茶社的主人请当时的围棋国手范西屏为教师，到棋局教下围棋。范西屏有时一个月来一次，有时好几个月来一次，范西屏同棋局里的学生下棋时，一般都让他们三四个子，只有一个学生学得最好，范西屏只让他二子。棋局里的人都认为这个人是范西屏的"高足"。

有一天，当大家在棋局下棋时，忽然从外面来了一个和尚，问范西屏在不在。众人回答说："范先生没来，你找他有什么事？"和尚说："想找他下棋。"众人又仔细地看了看这位和尚，觉得他其貌不扬，就没把他放在眼里，说："范先生好久没有到杭州来了。不过，这里有范先生的得意弟子，你不妨跟他下一盘。"和尚说："好。"范西屏的这位高足就出来同和尚下棋，他让和尚执白子，和尚也不推辞。这个学生心里很不满意。可是，下了几个子以后，这个学生很吃惊，原来和尚的棋艺很精。这个学生尽了最大努力来下，但棋势越下越紧张。但那个和尚却挥洒自如，好像很随便。他们下了两个时辰以后，大棋都走得差不多了。这时，那个学生算了一下子，发现黑子要输，不禁急出了一身汗。他偷偷地咬破了手指头，假装吐血了，说："今天我有病，这一局下不完了，明天再战好不好？"和尚答应了。

学生立即动身到海宁去找范西屏，结果夜里二更天到了范西屏家。范西屏一见，就问："你是不是跟一个和尚下棋了？"学生说："是。先生怎么知道？"范西屏说："这个和尚先来到我家，我说我是范西屏的弟弟，不会下棋，他就走了。他从陕西那面来，一定是一个高手，你怎么能莽撞地同他下棋？"学生按照白天的棋布局，让范西屏看。范西屏看后，说："黑子要输了，不过还有救。收官时，你先在这里下子，然后在这里同他打劫，这样就可以胜半个子了。"学生听了，恍然大悟，又连夜返回杭州。第二天中午，学生到了杭州，而那个和尚已经提前坐在茶社里等他。于是，二人重新把棋局布好，继续下昨天那盘棋。收官时，学生下了一个子，与和尚打劫。和尚看了，立即站起身拱手说："不用再下了，我已经输了半个子。我从陕西不远千里来到这里，能够领教到范先生的一着棋，已不再感到遗憾了。"说完，他笑了笑，走了。

就在这一天，施定庵到范西屏家里来了。那个学生摆的棋局还在桌子上，范西屏让施定庵看，施定庵说："黑子输了。"范西屏问："你看还有救吗？"施定庵考虑了一会儿才说："只有一个办法可以胜半个子。"他说的办法与范西屏的办法一样。范西屏与施定庵齐名，只是在思考的速度上有快慢之别。

晚清陆以湉在《冷庐杂识》中说："本朝弈国手首称范西屏世勋，施襄夏绍次之，皆海宁人。范著《桃花泉棋谱》，施著《弈理指归》，并行于世。施性纯孝，父病刲（kuī）股。工诗善琴，不独以弈见长。"这一评价代表了晚清文人的普遍看法，应当说带有盖棺定论的意思。陆以湉指出，二人都有棋书行世，给后人留下了宝贵的记录。陆以湉还特别对施襄夏的人品和才艺予以评价，称赞他非凡的孝道，认为他的才能是多方面的。

十、围棋轮回

据清代毛祥麟的《墨余录》记载：乾隆、嘉庆年间，朝廷里的王公大臣都喜欢围棋，天下擅长下围棋的高手云集京城，其中第一号人物是范西屏。

在范西屏进京之前，京城里有个姓黄的人早就在王公大臣中间活动了。当初，有一个姓韩的浙江人也住在京城一位官员的家里，他会下棋，但谁都不知道。有一天，这位官员请黄某下棋，韩某在一旁观战。下完棋，黄某走了，那位官员向韩某盛赞黄某的棋艺，说黄某天下无敌手。韩某说："谁说他没有敌手？我看了他的棋，觉得虽然他名气很大，但其中的漏洞也不少。"这位官员一听，再次请黄某来下棋，这次是韩、黄对弈。黄某见韩某年轻，没有把他放在心上。但他们开始布局后，他发现韩某出手不凡，便认真对待。在下棋的过程中，黄某的棋屡次受到韩某的威胁，黄某拿出一些高着来对付韩某，但都不能奏效，被韩某随手一应就化解了。他俩一共下了三局，韩某毫不费力地胜了三局，黄某起身说："这两天我刚好身体不舒服，等过些日子再和你决战。"从此，韩某的名声在京城传开了。京城有一位王公喜欢下棋，请韩某去。韩某前两局和王公下成和棋，第三局又输给王公大人半个子。这是他为了让王公大人高兴而故意输的，因为下棋前有人叮嘱过他。这三局棋整整下了一天，他从王公府上出来的时候，已经很累了。黄某事先知道他去同王公下棋，就在半路等着他，见韩某从王府出来，就半路截住他，说："今天我要同你决个高低。"韩某说自己太累，要求改日再下，但黄某坚持要比试，韩某只好勉强奉陪。在争夺一个角的时候，韩某的棋势不妙，他反复地思索，好长时间也没想出对策。这时，黄某故意在一旁冷言冷语地讽刺挖苦他，韩某越发着急，越着急越想不出好着来。韩某本来就很疲劳，加上又急又气，血往上冲，一连吐了好多血，当场就死了。

20年后，范西屏来到京城。他当时虽然年少，但名声很大，京城里的王公贵族争着出赌注，让范西屏同黄某一决胜负。范、黄对局没到一半，又在一个角上出现了争夺。这一次是黄某的棋处于险境，他拿起一个子，犹犹豫豫，迟迟落不下来，范西屏看到这种情况，无意中催问了一句："老先生怎么不落子？是不想再下了吧？"一听这话，黄某脸色大变，说："这真是老天报应啊！我何必再下呢？"说完，他推开棋局站了起来，但刚刚站起来又倒了下去，一口气没有上来，死了。当时，在场的人当中有人知道20年前韩、黄对弈的事，又发现这局棋和20年前的那局棋很相似，就以为范西屏是当年的韩某托生的，这是来报前世的怨仇的。

十一、寄驴扬州

魏瑛在《耕蓝杂录》中讲了一则有趣的故事：

一次，范西屏骑着一头毛驴去扬州探亲。在半路上，他遇到了一个"棋局"，他眼珠一转，计上心来。他来到棋局里，与局里下棋赌钱。范西屏连输两局，局里人要范西屏拿出钱来，范西屏说："我身边没带钱，只有一头驴，是否可以抵上？"局里人同意了，就把驴牵走了。过了一个多月，范西屏又回来了，再到棋局里下棋，这回他连胜了两盘。局里人要出钱给他，他说："我不要钱，你把上回我放在这里的驴还给我就行了。"原来上回范西屏到这里时，是想弃路登舟，但毛驴没有地方存放，就故意到棋局里输了两盘棋，然后把驴寄放在那里。这次回来，驴已经被棋局里的人养得又肥又壮了。局里人后来知道了这个人就是国手范西屏，就高高兴兴地把驴还给了他。

还有一则关于范西屏赌棋的故事。

据毛祥麟《墨余录》记载：清朝嘉庆初年"四大国手"之一的范西屏曾经来到上海。当时，上海的第一等棋手是倪克让，次一等的棋手有富嘉禄等。倪克让认为自己棋艺高明，不大愿意同其他人下棋。富嘉禄等人则不同，他们在豫园开了一家"棋局"，招揽四方客人去那里赌博。范西屏到上海后，听说有这么一家棋局，就去看热闹。当时有两个人在下棋，一个人要败了，范西屏就给那个人出了一着。旁边的看客都对范西屏十分不满，说："这是赌钱，看的人怎么能插嘴呢？你既然会下棋，可以参赌嘛。"范西屏说："好吧，赌就赌。"众人都让范西屏拿钱出来，范西屏从怀里掏出一大锭银子，说："我用这个当赌注，行吧？"众人看他出那么多银子，都争着和他对局。范西屏说："我下棋不怕别人说话，你们可以一齐上。"这局棋下到一半，众人已经招架不住了。他们赶紧把富嘉禄请出来，富嘉禄倒比较识相，要求范西屏让他三个子，范西屏同意了，但富嘉禄还是输了。富嘉禄要求再让，结果还是输了。于是，有人就跑去找倪克让，倪克让来了，认出了范西屏，便走上前把棋盘上的棋子弄乱了，说："这位就是范西屏先生，你们这些人怎么能敌得过他呢？"众人这才知道大名鼎鼎的范西屏到了上海，消息很快就传开了。上海一些富贵人家联合出钱请范西屏住下，并邀请他同倪克让对局。这次对局，范西屏让倪克让四个子。看棋的人把这次对局的棋谱记录了下来，据说就是闻名于世的《四子谱》。这则故事如果是真实的，那么此时范西屏应该90岁了。

十二、让与不让

其一："倪痴"不让高官。

倪世式，字克让，清朝人，住在现在上海市的北边。他从小就十分聪明，读书过目不忘，稍大一些就能写一手好文章。但他偏偏不喜欢舞文弄墨，一听说别人谈论这些事，他就躲避开。他的父亲倪载若在当地教书，很喜欢下围棋。父亲与别人下棋时，倪克让就在旁边观看，不久就掌握了下围棋的基本要领。别人偶尔同他下上几局，也常常被他战败。倪克让下棋时，如果遇到了难处理的局面，就仰起头望着天，好像在发呆。过了一会儿，他就会想出一步好棋，使对手无法应付。当时围棋之风很盛行，京城里有许多人都下围棋，尤其是王公大臣。有一个大臣，据说他的围棋在王公大臣当中下得很出色，号称"第一品"。有一次，这位大臣来到南方，听说倪克让在上海一带很有名，便派人把倪克让找来下棋。谁知倪克让一点儿也没给这位大臣留面子，他们一整天下了两局，倪克让连胜两局。倪克让生性与众不同，既不想办法做事谋生，也终身不娶妻子。他唯一的财产就是一张木床，平时来了客人，他就端端正正地坐在木床上，一语不发，像傻子一样，所以人们都叫他"倪痴"。

其二：林越山手下留情。

据《清代轶闻》记载：林越山，侯官（今福建闽侯）人，清代中晚期"十八国手"之一。林越山很小的时候，他的父亲和祖父下围棋，他在一旁观看，一边观看还一边出主意，往往能走出高着。18岁时，林越山就成为"国弈"，远近闻名。当时，福建一带最有名的棋手是薛生白。有一次，林越山同薛生白对局，眼看林越山的棋就要输了，旁边看的人都为他着急。林越山很冷静，拿起一个子沉思，终于想出一步绝棋，同薛生白打劫，转败为胜。薛生白对林越山的这手棋也十分佩服，称林越山为天才。

还有一个江苏宜兴人名叫任惠南，也是"十八国手"之一，任惠南在福建期间，曾和林越山下过棋。他们二人下棋时，围观的人很多，像墙一样把他俩围在中间。这局棋还没有下到一半，任惠南脸上便露出了为难的样子，林越山便走了一步拙棋，故意输给了任惠南。有人问林越山怎么下输了，林越山说："任惠南一向被称为国手，而且在达官贵人家当门客，我怎么好败坏他的名声呢？我是可以下过他的，不信可以再同他下。"但是，任惠南在福建待了一年，经常同林越山在一起，没有再提下棋的事。

林越山下棋时并非一味追求赢棋，关键时刻能为他人着想，这种风格十分可贵。

其三：李湛源高风亮节。

据《弈选小传》《清朝野史大观》记载：李湛源，字海门，江苏南通人。他和僧人秋航、沈介之同为清代道光年间（1821—1850）的"京师三国手"。李湛源为人豪放刚直，不会阿谀奉承。他在京城的时间很长，平时总是穿着破衣服和破鞋子，不修边幅。他很随便，大家都愿意同他下棋。王公大臣很喜欢围棋，时常把一些围棋高手请到家里下棋娱乐。许多高手同王公大臣下棋时都要故意输上几局，赢得王公大臣的欢心，就会赏给棋手一些财物。但李湛源却不同，他不愿意同王公大臣下棋，即使同他们下，也从来不假装输给他们。他到王公大臣家里也和平时一样随便，总是穿得破破烂烂。

有一次，一个大官派人去请李湛源，派去的人转达了大官的意思，对李湛源说："你每次下棋都赢我家大人，大人的面子下不来，这次你故意让他赢一两局，给他一点儿面子，大人答应会重重地赏赐你。"李湛源表面上答应了，但他下的时候还是一盘不让大官赢。大官很恼火，派人去责备他，他却大声说："我本来就不稀罕他的赏赐！"后世评论这件事时说："棋手不靠技艺谋衣食，恐怕只有李湛源一个人。"

十三、陈周颉颟

这里的"陈"指陈子仙（1821—1970），"周"指周小松（1801—1891）。

据晚清陆以湉的《冷庐杂识》记载："近时海宁陈子仙亦善弈，海内少双。"陈毓性，字子仙，浙江海宁人。

方濬颐在《梦园丛说》中记载了少年陈子仙的故事：陈子仙的父亲有下围棋的嗜好，他家原是小康之家，就因为下棋，最后家境破败，晚年居住在一座破庙里。那个时候，下围棋常常赌钱物，陈子仙的父亲虽然酷爱围棋，但棋艺不高，与别人赌输了就要请人家喝酒。后来实在穷困潦倒，别人看不下去，往往给他一些资助。陈子仙从小就看父亲下棋，有很大长进。据说他8岁那年，他父亲和一个客人下棋，客人让他父亲4个子，他父亲仍然应付不了局面。客人飞了一个子，他父亲苦思冥想也不知道该怎么对付。陈子仙便说："这个子是疑兵，虚晃一枪，可以不去管它。白棋的漏洞很多，怎么能胜过我们呢？如果从这里进攻，把白棋打断，这片白棋就做不成眼了。"他父亲仍执迷不悟，反而怪陈子仙在一旁胡言乱语。那个客人却说："这孩子说得有道理，陈先生可以不下这盘棋了。"他父亲心想，反正这盘棋也输了，不妨就让陈子仙来下下看。陈子仙接着他父亲的棋下，居然转败为胜。接着，他又和客人下了一盘，客人又败了。直到他让客人4个子，双方才势均力敌。客人觉得陈子仙是一个了不起的人才，将来一定有前途，就出钱让陈子仙读书和学棋。没过多久，陈子仙便远近知名了。他父亲曾经带着他到常州去同围棋国手董六泉下棋。董六泉当时已经很老了，头发和胡子全白了，而陈子仙还是个小孩子，头上还扎着红丝线绳呢。这一老一少下棋，给人们留下了很深的印象，一时传为美谈。

陈子仙长大后，曾与许多著名棋手对局。最著名的有两次：一是同治四年（1865）在汉阳名胜晴川阁与湖北棋手徐耀文对局，轰动一时。二是同治九年（1870）应安徽巡抚英翰之邀与徐小松对局。这两次的棋谱都被记录了下来。可惜陈子仙英年早逝，但后世整理出他的棋谱——《子仙百局》流传下来。

同为海宁人的钱保塘在《范施十局·序》中说："近时吾乡陈毓性（子仙），年十二即以国手名东南，与江都周鼎（小松）齐名，惜年遄逾四十而卒，余未及见。往在都门见周小松，亦极言子仙之工。"

周小松（1820—1891），名鼎，江都（今扬州）人。他比陈子仙年长而学弈稍晚。年轻时，他得到过僧人棋手秋航的指点，在受二子的情况下弈棋百余局，棋艺得到突飞猛进的提高。后来，他曾与诸多国手，如李湛源、陈子仙等对局，成绩优良，遂为国手。他和陈子仙的对局最为后世称道，二人也从对手变为良友。陈子仙过世时，周小松十分悲伤。此后，周小松独霸清末棋坛20年。他有多部著作传世，其中最重要的是《餐菊斋棋评》。

清末是周小松的时代，再也没有棋手（包括他的弟子）能达到他的水平。

十四、思棋碰壁

黄俊在《弈人传》中记载了清代晚期棋人英星垣的故事。英星垣，满族人。他年轻时对下棋特别着迷，每下完一局都要回过头来思考一番成败得失。他对下输的棋特别重视，总是要回想什么地方走错了，怎样走才对。有一次，他一边走路一边思索，不知不觉竟撞到了墙上。

著名围棋国手周小松晚年曾到北京，他同英星垣下过棋。英星垣曾对别人说：“我同周小松下棋，受二子。每局棋都得下上一昼一夜才能下完，从头一天中午开始，到第二天中午才能收完官子。周小松下一局棋要休息三五天才能再下，所以我不能总是跟他下。下最后一局棋时，我为了争夺腹地，费尽心思想出了一着妙棋。从此以后，周小松不再同我下棋了。”

英星垣本来是泥瓦匠，工作之余下围棋。他出去干活时总是带着棋具，工间休息时就摆上一会儿，练习古人的棋谱。

同治、光绪年间（1862—1908），孙毓汶（1833?—1899）是朝廷诸大臣中围棋下得最好的。有一天，他吃过饭没事干，忽然听到屋顶上有叮叮当当的响声，就问身边的人。身边的人说："这是那个修屋顶的泥瓦匠在修理房屋。"孙毓汶说："不对。这明明是下围棋的声音。"于是，他就派人去把屋顶上的英星垣叫了下来。孙毓汶问："你会下围棋吗？"英星垣以为孙大人是责怪他不好好干活，吓得直打哆嗦，半天没敢说话，最后才吞吞吐吐地说："我是趁休息的时间研习一下古代的棋谱。"孙毓汶立即让他同自己对局。一连下了好几盘，孙毓汶都输了。孙毓汶对英星垣的棋艺很欣赏，就把他留在府上，有空就同他下棋。孙毓汶死后，英星垣在北京琉璃厂开设了一个棋局，通过下棋赌钱来维持生计。

十五、末代传奇

其一：林开谟老仆教弈。

黄俊在《弈人传》中介绍了林开谟这个人，说他字诒书，是福建长乐人，清光绪甲午年间进士。他的弈品为第三国手。据传说，林开谟的围棋是他家的老仆人教的。林开谟很小的时候，家中有个老仆人。有一天，老仆人对林开谟说："小少爷，你喜欢游戏吗？我有绝技，多少年来一直没有找到可以传授的人。只有小少爷聪明伶俐，值得我传授。你愿意跟我学吗？"林开谟很高兴地答应了。于是，老仆人就教林开谟下围棋，从布局教起，然后又教了他许多其他技巧，林开谟进步很快。老仆人教了一个多月的时间，林开谟在他家乡一带已经没有对手了。林开谟中举以后，要到京城去，途中经过上海。当时，围棋国手周小松正好晚年居住在上海，林开谟就去拜访他，同他下棋。下棋之前，林开谟想和周小松下对子棋，周小松说："凡是刚到这里来的人，没有不接受我让子的。"林开谟遵照惯例，受周小松二子。第一局，林开谟输了七个子；第二局，他们二人为了争一个劫，下了很长时间，最后没有下完就不下了。周小松不久就去世了。林开谟此时的围棋水平据记载已到了"第三手"。

其二：刘泰元典当飨友。

据黄俊的《弈人传》中记载：刘泰元，自号弈髯，武陵（今湖南常德）人。他自幼孤苦贫穷，长大后从军，去过陕西、甘肃、新疆等地。回家后，他建造了一所精巧雅致的小房子，以养花、草、虫、鱼取乐，同时酷爱围棋。光绪初年，湖南一带的围棋手以余金诏为最高明，刘泰元、长沙人朱定奎等拜余金诏为师，学下围棋。后来，余金诏去世，刘泰元大哭一场。刘泰元这个人很怪，爱围棋爱到了极点，只要有一天不下棋，他就觉得很别扭。他时常亲手烹调，准备好吃的，邀请棋友，唯恐棋友不来。棋友一旦来了，他一定要留人家住下。时间长了，他的那点儿积蓄都花光了，招待客人时不得不借钱或拿东西典当。

其三：忘年交废寝忘食。

黄俊，长沙人，光绪癸卯年（1903）举人，做过官，后来曾任湖南大学文学教授，著有《弈人传》二十卷。黄俊喜欢下围棋，晚年在长沙城南盖了房子，自称其室为"弈庐"。他少年时代就会下围棋，与刘泰元做过三年邻居。当时黄俊与刘泰元年纪相差很多，二人是忘年之交，经常在一起日夜不停地下棋，废寝忘食，搞得两家人都对他们这样下棋很不满。有一年春节，黄俊与刘泰元从除夕开始下棋，一直下到初七。黄俊的母亲说："怎么，连过年都忘了吗？"黄俊这才停止下棋，去给亲友拜年，而刘泰元则意犹未尽。

十六、文士之弈

清代下棋的文人很多，其中有许多名士，也有一些普通文人。这里仅介绍几则趣谈。

其一：吴山带弈棋中举。

据陈恭尹《吴山带行状》记载：吴文炜，字山带，清代广东南海人。他很爱作诗、饮酒，又擅长画竹石鸟兽。他性格豪放，无拘无束，想到哪里就到哪里，有时连家里人也不知道他在什么地方。他很喜欢下棋，每次外出，一遇上围棋就流连忘返。

当时，考举人的风气很盛。有一次，考试的日期眼看就要到了，吴山带还想坐船出去游玩。朋友们极力劝阻，他才没去。考试之前，他根本不看书，不做任何准备；相反，他整夜整夜地下围棋。结果，考完发榜时，他竟考中了第三名。

其二：秦蕙田戒弈及第。

据蔡景真《笠夫杂录》记载：秦蕙田，字树峰，清代金匮（今江苏无锡）人。据传，他是宋代著名文学家秦观的第26世孙。秦蕙田于乾隆元年（1736）考中进士，后来当了刑部尚书。

秦蕙田年轻时很爱下围棋，据与他同时代的蔡景真说：早年，秦蕙田在金陵读书，不分昼夜地下围棋。他的老仆人故意同他闹别扭，不听从他指使，他十分不满地责问老仆人。老仆人说："你家世代当官，从来没断过俸禄。老夫人让你到这里来，是图这里安静，有读书的好条件。你整天下围棋，难道围棋里能出状元和宰相吗？如果你一心读书，我无论如何也不敢违背你的意志。"第二天早晨起来，秦蕙田把老仆人叫来，说："昨天晚上，我认真地考虑了你的话，觉得很有道理。那就让我戒掉围棋吧。"没过多久，秦蕙田就考中了进士。

其三：考场弈棋交白卷。

纪昀的《阅微草堂笔记》记载了这样一则小故事：

有一年，举行乡试（考举人）时，考场上有两个书生不好好地答卷子，反而把一块板子拿来画成棋局，把碎炭拿来当黑子，又把墙上的碎石灰块弄下来当白子，一直下个不停。最后，二人竟交了白卷。

十七、僧道之弈

清代僧道围棋零星见于文字的比较多，而真正的名手并不多。尤其是道教徒，几乎不见围棋名手。

其一：僧人野雪谈笑胜棋。

清代褚人获在《坚瓠五集》中记载：清代浙江永嘉（今浙江温州）有个僧人，法号"野雪"，是当时很有名的棋手。有一次，野雪在友人许无念家中和吴嗣先对局。吴嗣先当时被称为"第一棋手"。

但他同野雪下棋时，考虑再三才能下一个子，而野雪和尚却下得很随便，还同别人聊天。吴嗣先每下一个子，野雪马上随手应一个子，似乎不假思索，但野雪总是取胜。

野雪在明清之际很有名，曾和不少国手对局。

其二：百岁老僧秋航。

据《清代轶闻》记载：僧人愿船，号秋航，清代仪征（今江苏）人，秋航曾经和著名国手范西屏、施定庵下棋，范、施去世后，秋航就以国手闻名当世了。他长期居住在京城。据说，到同治癸亥年（1863），他已经119岁了。这一年，他因为喜爱西湖的风景而来到杭州。第二年正月，他突然对友人说："我将要到西方去了。"说完，他就催促友人为他饯行。于是，人们在元宵节前一天为他设宴饯行。秋航虽然身为僧人，同平常人一样喝酒吃肉，放声大笑，开怀畅饮。当天，他跟平日没有什么两样。他还和一个人下了一局棋。下完棋，他把棋子收拾起来，说："以后很难再有今天这样的盛大聚会了，这一局棋也是我下的最后一局了。"当时，人们都不知道他这话是什么意思，问他，他也不回答。第二天，有人报告说，秋航已经坐化了。

关于秋航的年龄有多种说法，从90岁到119岁不等。

其三：棋道士争子扑地。

纪昀的《阅微草堂笔记》中还有一则可笑的故事：

景城（今浙江云和县）真武祠没有倒塌的时候，里面住着一个道士。这个道士本名叫转隐。由于他酷爱围棋，人们都叫他"棋道士"。

有一天，纪昀的堂兄纪方州来到棋道士居住的地方，进屋后发现一张小桌上放有一个棋局，上面只下了31个子。纪方州以为下棋人临时有急事外出了，就坐下来等候。这时，他忽然听到窗外有喘息声，他立即走出去。一看，原来是棋道士和另一人相持不下，在争夺一个棋子。两个人的力气都用尽了，倒在地上喘息。尽管这样，但二人谁也不肯松手。

纪昀对这件事发表了评论，他认为：围棋作为一种娱乐，不妨偶尔下几局，但如果过于计较输赢，输了就发怒，赢了就高兴，是大可不必的。他很赞成苏东坡对于下围棋的观点："胜固欣然，败亦可喜。"

十八、妇女之弈

其一：陈文玉沦落风尘。

清代王韬的《海陬冶游录》记载了一个会下围棋的女子的不幸遭遇：陈文玉，字玉卿，江苏扬州人。陈文玉的父亲是读书人，对女儿爱若掌上明珠。在父亲的教育下，陈文玉从小就能背诵许多唐诗和宋词，又善于下围棋。父亲去世后，母亲来教导她。不幸的是，陈文玉13岁那年，母亲也去世了。这样，陈文玉就到了叔父家里。婶母对陈文玉很不好，偷偷地把她卖给了妓院。后来，陈文玉漂泊到上海，居住在小东门外，生活极其悲惨。

其二：孙星衍愧对亡妻。

王采薇，字玉瑛，江苏武进人。王采薇的父亲王光燮（xiè）是乾隆元年（1736）的进士。王采薇19岁时嫁给了清代著名学问家孙星衍（1753—1818），24 岁就病死了，死后留下了一部诗集。孙星衍对王采薇感情很深，曾经写过《亡妻王氏行状》来怀念妻子。这篇文章中有这样几句话："结婚后不久，妻子就让我填词，并说要同我下围棋。当时，我没学过这两样技艺，心里感到很惭愧。后来，我做了几首小词酬答妻子，但始终没有学会下围棋，不能同她对弈。"

其三：芙卿下棋选婿。

清代后期，满族八旗子弟中凡是住在北京的，都没有别的事情可做，他们只干三件事：一是演剧，二是养鸟，三是下围棋。当时，有一家属于皇族，父亲擅长围棋，后来又把棋艺传授给了女儿。这个女儿名叫芙卿，到了结婚的年龄还没有嫁人，有人来说媒，被她一一回绝了。有人问她到底想找个什么样的人，她说："如果有谁下围棋能赢我，我就嫁给谁。"当时，京城里会下围棋的人很多，但大多下不过芙卿。有一天，有三个人来同芙卿的父亲下围棋，都胜过了她父亲。在这三个人中，有一个姓齐，是个大官的儿子；有一个姓金，是个孝廉（清代称举人为孝廉）；还有一个是僧人，法号秋航。三个人当中，秋航的棋艺最高，姓齐的次之，金孝廉第三。他们约定第二天同芙卿下棋。第二天，三人同芙卿下棋的结果是，秋航和姓齐的都赢了，金孝廉和芙卿下成了和棋。最后，轮到芙卿表态时，她作了一首诗，大意是这样的：

齐家门第高，齐大非我偶。

秋航是和尚，结婚没理由。

唯有金孝廉，下棋可白头。

于是，芙卿的父亲就接受了金孝廉的聘礼。芙卿出嫁后，夫妻二人感情很好，时常一起下棋，生活很愉快。通过围棋来选择合适的对象，在古代是很高雅而独特的。因此，芙卿和金孝廉的婚姻很受时人称赞。

这则故事出于黄铭功的《棋国阳秋》，是中国围棋史上的风流佳话。

十九、高官之弈

清代高官弈棋者很多，这里仅介绍几位。

其一：朱石君一笑解围。

清朝陈康祺在《郎潜纪闻三笔》记载：朱竹君和朱石君兄弟二人，都是很大的官。有一天，两兄弟在一起下棋，家里的仆人来给他们送茶。仆人不小心碰到了朱石君，把茶杯打翻了，茶水洒了朱石君一身。仆人吓坏了，朱石君不但没有发怒，反而笑着对朱竹君说："你瞧，这盘棋我差点儿输给你，多亏了这杯茶水为我解了围。"

朱石君对仆人宽容大度的做法后来被传为美谈。

其二：程思孝大胜乩仙。

纪昀（1724—1805），字晓岚，号石云，河北献县人。他于乾隆年间进士及第，以学识渊博而受乾隆皇帝的赏识，为清代著名大臣兼学者。他的府上常有围棋高手来访。可见，他也是一位围棋爱好者。他的名著《阅微草堂笔记》中有一则故事：

有一名围棋国手叫程思孝，曾于乾隆年间（1736—1795）到京城游历。据说，当时清朝没有"第一国手"，程思孝和冒祥珠都属于"第二国手"，称雄一时。有一天，大学者纪昀的弟子吴惠叔等扶乩请仙，问乩仙说："仙人善于下围棋吗？"乩仙回答说："会下。"又问："仙人肯同凡人下棋吗？"回答说："可以。"当时，程思孝正好住在纪昀家里，人们就找程思孝与乩仙对局。刚下几个子的时候，程思孝对乩仙的棋很不理解，以为仙人下棋神秘莫测。程思孝为了下赢乩仙，就苦思冥想，背上出了汗，拿棋子的手也在颤抖。他考虑好久才敢下一个子，心里还没有谱儿。下了一会儿，程思孝觉得乩仙的棋艺不怎么样，这才敢放手攻击。一局下完，乩仙的棋竟输得一个子不剩。满屋子的人都议论纷纷，认为乩仙的棋也不过如此。这时，乩仙忽然说："我本来是一个傀儡，假装是仙人来和你们游戏。其实，我刚刚知道一点儿关于围棋的皮毛，就冒失地答应了你们的要求。谁知道这个人的棋下得这样好，出了我的丑，我只好走掉了。"吴惠叔感叹地说："唉，在京城里，连鬼也会欺骗人。"其余的人也跟着开玩笑说："下败一局棋就把自己的老底抖漏出来，京城里的这种鬼是蠢鬼。"

其三：曾国藩气急败坏。

曾国藩（1811—1872），字伯涵，号涤生，湖南湘乡人，道光年间进士，清朝大臣，曾镇压太平天国的农民起义。

据裘毓麟的《清代轶闻》记载：曾国藩喜欢下围棋，但水平不高。他曾经让当时著名的围棋国手周小松来同他下棋。他原打算下完棋重赏周小松，但周小松让他9个子后，又把他的棋分割为9片，而这9片棋都是勉强活下来的。曾国藩恼羞成怒，一文钱也没有赏给周小松。

据说，曾国藩身上长癣，一辈子也没有治好。他和人下棋，每当快输的时候，身上的癣就开始发痒，他便把身子趴到桌子上抓挠，抓挠下来的烂皮落得满桌子都是，让人看了十分恶心。他曾经同手下的一名官员下围棋，为了争子，他竟大骂起来。那个手下也不怕他，和他对着骂，结果二人差点儿动手打起来。

二十、民间趣闻

其一："樵髯翁"程骏。

程骏，清代安徽桐城人。他平时不拘小节，穿着随便，就像山里打柴的樵夫，再加上他长了许多胡子，人称"樵髯翁"。程骏自幼读书，其聪明程度远在一般人之上。各种技艺，他一学就会，但从来不继续钻研。他喜欢下围棋，但不愿费脑筋。和同乡下棋时，如果对方考虑时间长了，他就不耐烦，皱起眉头说："我们下棋不过是玩玩而已，又不是真正的棋手，何必那么认真？"他还喜欢给人治病，其实他的医道并不高明，只是好事而已。有一次，有个富户人家有人生病了，派仆人去请程骏，程骏却在不紧不慢地下棋。那个仆人一直催促，他也不着急。等下完棋后，他才随那个仆人去看病。

其二：盎公赌棋讨饭。

黄铭功的《棋国阳秋》中有这样一则故事：盎公，不知是什么地方人，背上背着一个盎（一种腹大口小的陶器），腰间挂着一个布口袋，在金陵（今江苏南京）街市上要饭。有人给他干粮，他就从盘里掏出腌菜就着吃。吃完，他又从布口袋里拿出纸棋盘，摆在街头，同过往的行人下棋。如果他赢了，输的人就给他10个铜钱；他输了，就给人家10个铜钱。他赢了钱就拿去买菜，然后装进盘里。他的棋下得并不好，所以今天赢了明天又输掉，平时基本上靠要饭过日子，但他脸上没有任何痛苦的表情。有人问他："你难道就不能放弃这种生活，另想办法谋生吗？何必这样受苦呢？"他说："天下谋生的人都各有各的苦处，哪里只是我一个呢？我把这种苦当作乐。聪明人连丢掉一种苦而去吃另一种苦都不愿意，更何况是让他们丢掉乐而去吃苦呢？"有人问："你有家吗？"回答说："有。以前，我叔叔在福建当官，叫我去当书记员，但我嫌抄抄写写太累、太麻烦，干了一个月我就不干了。我的堂兄在京城当官，曾推荐我到王公大人家里去做事。我在那里整天和富贵人打交道，身上总觉得像扎了刺一样别扭，干了三个月我又不干了。我的岳父是安徽一带的大盐商，我带着妻子去看望过他，但对他们家奢侈的生活看不惯，岳父也不喜欢我放荡不羁的性格，说我是一副穷骨头，我在那里待了三天就逃了出来，妻子也不要了。我现在没有家了。我每年去哥哥、姐姐那里一次，看望他们；每年到父母的墓上一次，去扫墓祭奠，为的是我死了以后，哥哥、姐姐好把我埋葬在那里。你看，天下这么大，只有两件事：那就是求人和予人。求人而得不到，会产生嫉妒之心；予人而不能使人满足，会产生怨恨之心。这样就会有矛盾和斗争。我现在很好，何必惹麻烦呢？"

其三：赵清尧不怕鬼。

据袁枚的《子不语》记载：杭州人赵清尧喜欢下围棋，甚至一听到棋子落在棋盘上的声音就心里痒痒，非找人下一局不可。

有一次，他偶尔去杭州二圣庙游玩，看见一个长相丑陋的道士正在同一位客人下围棋。这个道士的棋艺水平很低，但他喜欢自吹自擂，说自己是有道行的人。赵清尧很看不起这位道士，不愿跟他搭话、下棋，就走了出去。当天晚上，赵清尧上床睡觉时，有两团鬼火围着他床上的帐子上下乱转，赵清尧对此并不感到畏惧。过了一会儿，来了一个青面獠牙的恶鬼，一手提着刀，一手掀起帐子。赵清尧大声地呵斥恶鬼，恶鬼立即不见了。

第二天夜晚，赵清尧上床时，听到满床发出啾啾的声音，好像婴儿在学说话。起初，他听不清楚，但仔细一听，原来这个声音说："我的棋艺不高，自称有道行又怎么样？这和你有什么关系？你居然敢小看我？"赵清尧这才明白，原来这是那个丑道士在这里弄鬼，赵清尧就更加大胆了。接着，又听见那个道士低声说："你胆子大，连刀剑都不怕，我这回要用勾魂法要你的命。"说完，道士又接着念咒："天灵灵，地灵灵，正头顶上下一针。"赵清尧听了咒语，只觉得浑身的肌肉都在颤抖。他镇静了一下，一动不动，用手捂住了耳朵。然而，当他躺下时，还觉得那咒语声从枕头中传出来。就这样，赵清尧坚持了一个多月。忽然有一天，他看见道士跪在他床前，哭着说："我一时生气，用法术来吓唬你，为的是让你央求我，好讨一些财物。没想到你不为此动心，我现在后悔已经来不及了。我的法术如果不能在别人的身上灵验，就会反过来伤害我自己，所以我昨天已经死了。现在我的灵魂没有去处，愿意前来侍奉你，到你家当未卜先知的樟柳神，以此来赎我的罪过。"赵清尧还是不理睬他。第二天，赵清尧派人去二圣庙察看，那个道士果然已经自杀了。

后 记

  我的家乡在辽宁金县（现为大连市金州区）的乡下。我小的时候，没有见过围棋。后来，我到县城去上中学，直到高中毕业（1964），也不知道围棋是什么样子，倒是会背诵"弈秋，通国之善弈者也。……"我老家那一带的确不大有人下围棋。后来，我考上了北京大学，但我头几年也没看见同学中有谁下围棋。说话间，"文化大革命"开始了。到1968年，大家闹腾了一阵子后就老实下来了，因为工军宣队进了学校，学生成为被改造的对象。这时，来自杭州的同学张晓明（小说《末代大学生》的作者）把围棋带进了宿舍，传授给了几个同学。于是，在接受再教育的业余时间，便不时地有人下棋，工军宣队也没制止。我在这个过程中也看会了围棋，而且越来越喜欢，觉得这东西比下象棋和打扑克好玩多了。当时，自由活动的时间并不多，而且只有一副棋，大家抢着下，我很难上手。即便上了手，我也完全处于"野战"状态，没有路数。所以，所谓会下也就是刚刚知道死活而已，至于定式之类则从来没有听别人讲授过。后来，我到农场锻炼，又到工作岗位，极少有机会下棋，但心里始终对围棋念念不忘。"文化大革命"结束后，我又回到学校，开始读研究生，才有了较多的下棋机会，也有了几个比较固定的棋友，他们是方广锠（现为我国著名佛学家）、刘曙雄（现为北京大学教授）和尚会鹏

（现为北京大学教授）。研究生毕业后，我被二次分配工作，单位里也有几位棋友，主要有赵晨（现为国际问题专家）、韩锋（现为中国社科院研究员）、苏军（现移居加拿大）、崔工（英年早逝）和陈接旗（英年早逝）。其间，我买过一些关于围棋的书看，但我的棋艺已经不可能提高了。直到今日，50多年过去了，我的棋艺一直没有什么长进，但我就是打心眼儿里喜欢围棋。

因为喜欢，自读研究生起，凡是在读书中遇到关于古代围棋的记载，我就抄录在卡片上。多年下来，竟抄了100多条。其间，正好有中日围棋擂台赛，"聂旋风"（聂卫平）在前两届比赛中过关斩将，大长了国人志气。我在感奋之余突然萌生了编一本古代围棋故事的想法。经友人唐孟生（现为北京大学教授）、谷向阳（现为北京大学书法家）帮助联系，北京体育学院出版社的杨再春（书法家）表示愿意出版。于是，我就进一步找资料，还从友人刘曙雄那里借来刘善承先生编的《中国围棋》一书，这本书让我大开了眼界。很快，一本小册子就凑成了，时在1987年10月。交稿后，没有校对清样，我便去印度进修了。1988年，这本小册子就以《围棋故事精萃》的名字出版了。我拿到书一看，发现错误较多，但已经来不及修改了，但我心中始终留有遗憾。多年过去了，中国国际广播出版社又给了我一次弥补过失的机会，同意我编写一本"围棋史话"类的书。我把小册子中的大部分故事拿出来，按照年代的顺序重新编写，又补充了一些材料，订正了一些错误。即便如此，这本书中仍难免存在错误，只好祈望方家指正了。

在这本书的编写过程中，我参考了一些关于围棋的书，现列于下：

（1）刘善承主编：《中国围棋史》，成都时代出版社，2007年版。

（2）殷伟：《中国围棋史演义》，云南人民出版社，2001年版。

（3）何云波：《黑白之旅》，山西出版集团书海出版社，2008年版。

（4）何云波：《弈境》，北京大学出版社，2006年版。

（5）冯建林：《中国历代棋王传》，作家出版社，2005年版。

（6）廖永红编著：《围棋春秋》，中国社会出版社，2008年版。

应当说，在这几本书中，我看得最多的还是前两本。

其中，《中国围棋史》一书堪称巨制，内容丰富，资料齐全，编排合理，论述精审，语言简洁，学术性强，读后收获颇丰。令人遗憾的是，书中存在颇多失校之处。望再版时能得到订正。

《中国围棋史演义》一书写得轻松自如，资料翔实，读来趣味横生。由于是"演义"，此书难免有所枝蔓，但丝毫不失学术价值。书中不足之处是，仍有少量失校，对个别史料有误读。

无论如何，我都非常感谢这些书的作者，尤其对已故的刘善承先生表示由衷的敬意。

图书在版编目（CIP）数据

中国围棋史话：典藏版 / 薛克翘著. —北京：中国国际广播
出版社，2020.12（2024.1重印）
（传媒艺苑文丛.第一辑）
ISBN 978-7-5078-4791-8

Ⅰ.①中… Ⅱ.①薛… Ⅲ.①围棋－体育运动史－中国
Ⅳ.① G891.392

中国版本图书馆CIP数据核字（2020）第239022号

中国围棋史话（典藏版）

著　者	薛克翘
出品人	宇　清
项目统筹	李　卉　张娟平
策划编辑	笑学婧
责任编辑	林钰鑫
校　对	张　娜
设　计	国广设计室

出版发行	中国国际广播出版社有限公司 ［010-89508207（传真）］
社　址	北京市丰台区榴乡路88号石榴中心2号楼1701
	邮编：100079
印　刷	天津鑫恒彩印刷有限公司

开　本	710×1000　1/16
字　数	130千字
印　张	15.25
版　次	2020 年 12 月 北京第一版
印　次	2024 年 1 月 第三次印刷
定　价	45.00 元